**Luxury bags don't bring true happiness!**

I tried to explore 88 problems that women face endlessly.

# ブランドバッグは私を「幸せ」にしてくれない！

無限に湧く
女の悩み
88個を
探求してみた

**Kei**

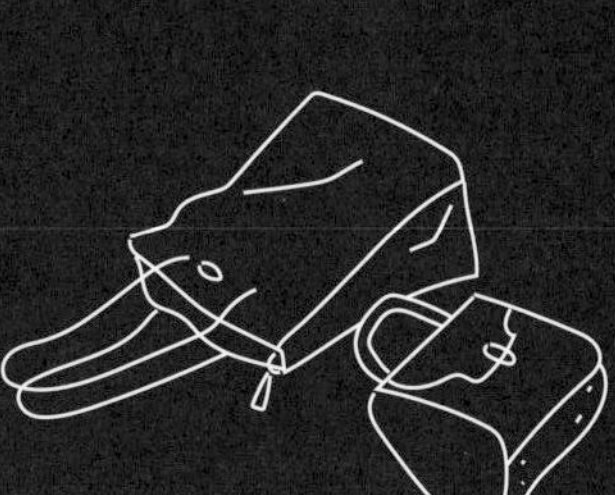

KADOKAWA

# はじめに

みなさん、はじめまして！　私はＫｅｉといいます。１９８８年生まれの36歳。アメリカ女ひとりロードトリップや、日本国内を軽バンでめぐる旅ものの動画を投稿するＹｏｕＴｕｂｅｒです。

田舎の漁師町で生まれ育ち、航空会社のＣＡになりたくて就活するも試験は全落ち。夢破れてとりあえず百貨店のアパレルの販売員として契約社員から社会人をスタートしました。

正直、惰性で仕事をする毎日で、全くやる気なし。百貨店での仕事が終わればホルモン鍋屋さんでバイトしてお金を稼ぐ日々でした。

そんな時に大の仲よしの弟が交通事故で亡くなるという過去最大級の悲劇も起きて、散々だった記憶しか残っていません。

恋愛も、当時の自分は我が強くて、絶対に折れない性格だから恋人とすぐに大喧嘩に発展していました。

私は、怒りが限界までくると黙ってしまい、何も言わず家を飛び出して「ちゃんと言いたいことは言葉にして」と恋人から言われては拗《す》ねて、お別れして……の繰り返し。

恋愛はうまくいかないし、夢も諦めちゃった。仕事も、これぞってものに巡り合えない。片割れともいえる弟が死んで、何もやる気なんて起きず涙ばっかりの毎日。

毎日悶々としながら、でも自分から動くこともできずに日々が過ぎていっていた時、のちに夫となるリョースケと出会ったんです。

**そこから人生が好転していきました。**

01

# 女の悩みは永遠に尽きないと心得る

恋愛面では喧嘩なんてしなくなったし、24時間一緒にいても全く問題なくなった。

ＹｏｕＴｕｂｅをきっかけに、アメリカでの旅を企画してひとり飛び込んでみたり……。母になるという大きな夢も実現間近と思った矢先、まさかの原因不明の不妊が発覚し、さらに悩みが増えることになるとは！

そんな不妊治療での葛藤も、本書で正直に話します。

湧き出るようにやりたいことがたくさんあるから、**望みも夢もぜーんぶ「バケットリスト（死ぬまでにやりたいこと）」に書き連ねることにした**んです。

そして叶ったら別のやりたいことを足す。だから、永遠に全部達成しないんだけど、それを叶えるためにはどうすればいいか常に考えて動けるようになって、四苦八苦しながらもそれを楽しめるまでになりました。

性格も変わらないし、新しい悩みも無限に生まれるけど、そんな女の人生に正面から向き合ったことをここに書いていこうと思います。

02

# ブランドバッグより、「経験」にお金を使う

天国にブランドバッグや高級車は持っていけません。残るのは魂であり、信条であり、記憶だと思うんです。

弟のお葬式には何百人もの友人たちが駆けつけてくれて、弟の人徳と、生きてきた24年間の人となりを垣間見たのです。大事なのは「モノ」なんかじゃないよね、と。

だから、私は100万円のブランドバッグを買うのであれば、そのお金をいろいろな「コト」に使いたいのです。その時に触れた「コト」、何かを達成した感動や喜びを、多くの人にシェアしたい。

私の中にある、見えないけど感じているもの、モノのように形はないけど今見えている景色、記憶や体験や知識をみんなに広めること。これが私の使命なんじゃないかって。これは弟、そしてリョースケから学んだことです。

**「モノ」ではない、経験や知識などの「コト」を突き詰めると、それは「人」にも置き換えられるのかも。**

日本国内や世界中を旅する中での人との出会いは一期一会であり、決して偶然ではないと信じています。

あの夜、ホルモン鍋屋さんでリョースケと出会ったことも。そして、私の究極の夢、それは「子ども」をもつこと。「母」になることです。

子どもの頃から健康優良児。今だってどこから見てもヘルシーな私（よくフォロワーさんから言われるので、敢《あ》えて自分でも言ってしまいますが……）が、まさか不妊治療を受けるとは思ってもみないことでした。

治療を受けていた3年間は、とてもとても長く苦しい期間だったけれど、無事、妊娠できたことを心から喜び、今、幸せを噛みしめています。

03

# 夢が叶っても、バケットリストはずっと更新していく

**すぐに子どもができなかったことも、苦労の末にできたことも、人との出会いも別れも、生きていることだって、全てが「たまたま」なんだと思うのです。**

何なら、今こうやって息をしていることも、健康でいることも、決して当たり前なんかじゃない。偶然が重なって、今があるんだって。

弟の分も2倍生きたい。いや、2倍生きないといけないんです。弟が見られなかった景色、行きたかったけど行けなかった場所、全て、私が2倍叶えたい！

実現したことはバケットリストから消去されていくのではなく、その先にあるやりたいことがまたひとつリストに追加されるってこと。これはもう、一生アップデートされていくものなんです。

2025年の春頃に生まれてくる双子（！）たちが加わったら、家族は一気に想定の「2倍」。リョースケと私のふたり暮らしが4人家族に。私にとって憧れだった子どもをもつ

ということは、弟には叶えられなかったこと。**我が家に双子が来ることも、もしかしたら意味があることなのかもしれない……**と感じる今日この頃です。

人生は長くも短くもあります。

ある日突然、終了の笛が鳴ることもあります。それは誰にもわからない。だったら、やりたいこと全てやったらいい。迷う必要ってありますか？

**「ない」。私は断言できます。**

100人いたら100通りの人生があります。誰もが自分の人生の主人公。センターで踊っている主役です。今すぐに、バケットリストを作って、ひとつひとつクリアしてみませんか？

私がやってきたことを、赤裸々にこの本にまとめてみました。あなただけの人生に彩りを添える、唯一無二な冒険のお役に立てますように。

アメリカ・ツーソンの巨大なサボテン。世界は広い。

CONTENTS

## 第1章　世界の人々に学んだ、本当の「自分らしさ」

CONTENTS



## 第2章 ほぼ24時間一緒にいる私たちの「夫婦円満」の秘訣

## 第3章 「母になる」夢を叶えるためにしたことの全て

CONTENTS

## 第4章 「心」と「体」を整えるKeiのルーティーン

CONTENTS

## 第5章 「バケットリスト」を更新し続ける人生を歩む

LUXURY BAGS
DON'T BRING
TRUE HAPPINESS!!

序章

# 半身ともいえる弟の「死」が
# 私の人生を変えた

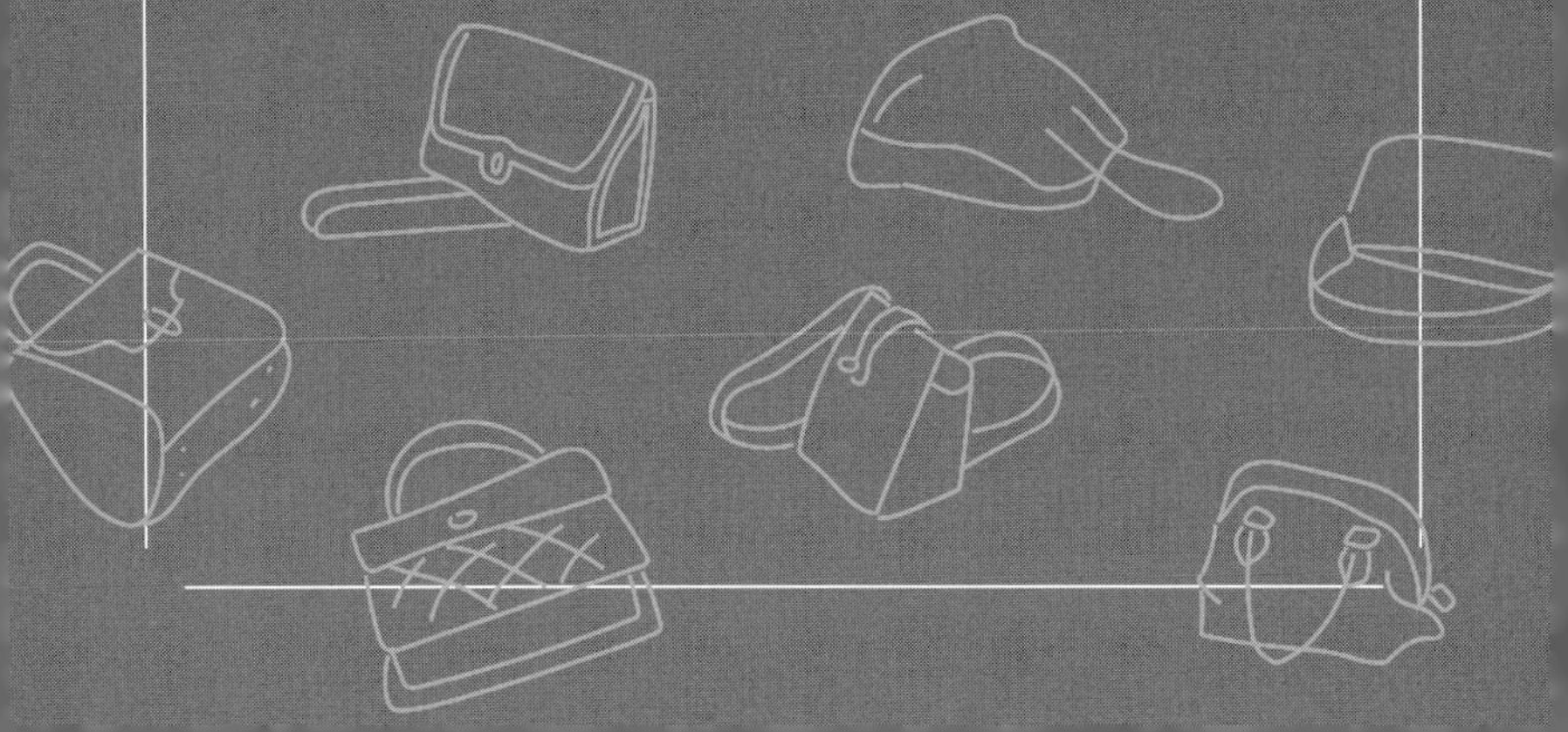

04

# 26歳で「死」を目の当たりに。「生きる意味」を考える

あれは私が26歳の時でした。夕方、滅多に電話をかけてこない父からの着信だったので、身構えて電話に出たことをはっきりと覚えています。

「え？」

耳を疑うというのはまさにあの時のこと。本当に驚くことを聞かされた時、人間、思わず聞き返してしまうものだと知りました。

**父が震える声で私に伝えたこと、それは弟が事故死した**ということでした。消防学校を卒業した次の日、所属の消防署に戻る際に高速道路で交通事故に遭ってしまったのです。

弟は助手席に座っていて、運転席にいた同僚とふたり、即死でした。後席に座っていた同僚も重傷を負った、それはそれは大きな事故でニュースにもなりました。

もう、私は意味がわからずその場に立っていられないほどでしたが、力を振り絞って実家に向かいました。しかし、その道中、頭の中は真っ白でした。

上：旅先にて。私は5歳で弟は3歳。父はよく家族旅行へ連れていってくれました。
下：亡くなる数ヶ月前の弟(24歳)。私と同じくビール好きでした。

病気などで「余命あと何か月ですよ」と告げられているのであれば、何とか心の整理がつくかもしれません。

交通事故は突然すぎて、心の準備が全くできてないし、まさか24歳の弟がこの世を去ってしまうだなんて。

弟は悪いことなんて何もしたことのない、ピュアで不器用な子でした。母は心身ともにボロボロになってしまって、どう声をかけていいかもわからない状態だったのが、今も強烈に記憶に残っています。

私たちはふたりきょうだいで、すごく仲が良かったので、弟の死を理解するのに相当な時間がかかりました。もしかしたら、今も完全には理解できていないのかもしれません。

今も、父からの着信があると、怖くて一瞬怯《ひる》むんです。どうしても、当時のことを思い出してしまう。フラッシュバックってこんななんや。

**弟の死をきっかけに、死生観がガラリと変わりました。**「死」が現実のものになり、生きること死ぬことの意味を考えるようになったんです。

# 05
# 自分が死ぬ時に「残るもの」は何か想像してみる

まさかずっと一緒に育ってきた弟がこの若さで亡くなっただなんて。

「人間ってこんな簡単に死ぬんやな……」と、人の脆《もろ》さに恐怖を感じたし、何よりも弟がとてつもなくかわいそうに思えたんです。

人より遠回りして、やっと叶った憧れの消防隊員になる夢がとうとう実現し、「たくさんの人を助けるぞ！」とやる気に満ちていた矢先でした。

突然闇に突き落とされた「弟の死」がきっかけで、ひとつ大きな学びを得ました。

**死ぬ時に残るものとは、積み重ねてきた人徳とか善行とか、誰かに親切にしたこととかであって、それは見栄えとか体裁ではない**んだ、と……。

告別式の会場で、「あの人、いつも笑顔だったよね」「誰にでもやさしくしてたね」「あの時、こんないいこと言っていたよ」「とてもクレバーな人だったね」などと言われることがあっても、「あの人、いつも○×△□のバッグを持っていて素敵だったね」「あの人が最近まで乗っていた◇▽◎のクルマは、とてもかっこよかったね」なんてことは囁《ささや》かれないと思うのです。**ましてや、あの世にモノは持っていけません。**

弟は24歳と若くして亡くなったにもかかわらず、お通夜と葬儀には、仲間や友人たち、職場の人たちが何百人も駆けつけてくれました。友達が多くて、常に誰かを笑わせているようなムードメーカーだった弟。でも、どこか控えめなところもある弟。「あいつ、すごい人間やったな」と、そこで私の知らない弟を知ったのです。

この一件は、私はもちろん、両親にとっても、大きな学びになりました。弟の死をもって、生きる上での大事なこと、本当に必要なこと、無駄なものがとても強烈に、そして鮮明にわかるようになったんです。

当時は距離的に離れたところに住んでいたし、今もあの世と現世の隔たりはあるけれど、今は**むしろ心の距離は近くなっている気がします。**「人って心の中に生き続けるんやな」。形がなくなってからのほうが、弟を想うことが多くなった。それって、私が「**やっぱり形あるものはあまり意味がない**」って考える、ひとつの理由かも。

# 06

# 〝今日〟を生きたかった人がいることを忘れない

弟も海外旅行が好きだったから、「そのうち一緒にどこかに行けたらいいな〜」なんてぼんやりと考えていたことも、もう叶わなくなってしまった。

人間って、私たちが考えるよりずっと脆くて、突然すぎるくらいに一瞬でこの世からいなくなってしまうんだから。

「SNSを眺めていたら、アッという間に1時間過ぎてしまった」

「そのうちタイミングを見て行こうと思っていた家族旅行。結局、ズルズルしているうちに家族の誰かが遠出できないカラダになってしまった」

「今日からやろうって決めていたジョギング、気分が乗らないからやめよっと」

「英会話のオンライン講座、申し込むって言いつつ、いつでもできるから、まだ申し込めていない」

今から30分後、コンビニに行くために出かけたら、不慮の事故に遭って不自由な生活を強いられるかもしれない。あるいは、あなたの大好きな人たちが突然病気で倒れるかもしれない。

やりたいことがあったら、今すぐ行動に移さないと！

**人間は思っているより呆気《あっけ》なく、そして突然にこの世を去る。だから1日1日を大事にしよう。**

あなたは今日をちゃんと生きた？　自分が納得できる1日だった？

## 07

# ブランドバッグは色あせるけど経験は誰にも奪われない

弟が亡くなってから大きく変わったのは、ブランド品に全く興味がなくなったこと。私だって、20代の頃はブランドバッグやロゴ入りのアイテムが気になりました。いや、正直に言います。大好きでした。でも、今は一切興味がありません。

自分を飾り立てる「モノ」は、もしかしたら盗まれちゃうかもしれないし、落とすことだってある。何なら地震や津波、火事で失うことだってある。だんだん古ぼけてきて色あせたりもする。

**でも、「私」が体験したことや知識は絶対になくなることはないし、誰にも盗まれないし、置き引きに遭うこともありません。**

ブランドバッグはもちろん、新築の家だって、一部を除いて、モノは買った瞬間から価格が下落していくもの。

30万円で買っても、包装を解いたその瞬間に何割引きかの価値になってしまう。

一方で、旅に30万円使ったら？

その経験と、旅先で出会った人との縁と、現地でしか味わえない食事などなど、30万円以上の価値がある。

旅先で出会った縁は、形を変えてずっと続く可能性だって秘めているしね。実際、私も旅をしていてそんな経験はしょっちゅうあります。

**それならもう、「お金は体験に使う」一択だって思うのです。**

旅じゃなくたっていいんです。前から気になってたけど行けてなかった場所へ行くのだってOKだし、英会話とかゴルフとか習い事だっていい。何なら歯の矯正とか永久脱毛とか「自分自身」にお金を使うのだっていい。

**悩むなら、とりあえず「やってみる」の精神で。**やらないで後悔するよりやって反省したらいい。

私もあまり何も考えず突き進む反面、心配症で、いろいろ考えないと行動を起こせないタイプではあるんですけどね。にしても、アメリカを女ひとりでクルマ旅するなんて大胆なこと、弟のことがなかったら挑戦できなかったと思います。

**最後の最後に残るのは「記憶」「思い出」「自分自身の肉体」。**体験や自分そのものに投資するのが賢いお金の使い方なのでは？

# 08 インスタ映えする店より〝古くて旨い店〟に注目する

YouTuberとしてフォロワーが増えたのが「女ひとり酒屋で角打ち」の動画投稿から。SNS映えするより、「安くて旨い店」というコンセプトがウケた。「ボロいけどおいしい店」に突撃して、その場で撮影交渉するライブ感で勝負したんです。

これも見た目を重要視しないっていう自分のポリシーと同じ。おしゃれなだけで、おいしくないのはダメ。単に「映えてるだけ」っていうのに抵抗があるんです。

新しくてきれいでキラキラなところより、昔からずっとあるところって、絶対おいしいと思うし、支持してくれるファンがいるから何十年も続いているってこと。その歴史の重みと店主のクセもの感と、これまたクセツヨな常連さんがいる感じの店がワクワクする。

それは海外でも日本でも、どこでも変わりません。沖縄に移住してからも、ピンときて吸い寄せられる店は全部そんな感じ。

**経験からくる第六感を大事にしているし、それってまず外れへん。だいたい当たってるもんです。**

その勘は、とことん経験を積むしかない。勘って本能と直結しているから、意識の下に潜んでいるけどかなり忠実。私はその勘を大事にしたいって思ってます。

みんなSNSにアップするための店の写真、すばらしいんやけど、やっぱり私は狭くてカウンターだけの店が好き。

フォロワーさんからは「お店の古めかしさとのギャップがオモロイ」ってよく言われるし、そのギャップが私らしいなって。自分でもそこが好きなところです。

お客さんは昔からの常連さんばかり、狭くて汚い。でも旨い、店主のクセ強めっていうところって、最初は「撮影するとイヤがられたりしないかな」なんて心配したけど、だいたい受け入れてくれますね。

「ここ、ほぼオジサンしか来うへんから」って、私が行ったら常連さんたちがすごいよくしてくれて。その会話で動画がおもしろくなることってよくあります。

酒屋さんで呑んだ時の動画のサムネイル。ローカル店大好き。

**これも「迷うならやってみる」につながってる。案ずるより産むが易しってこと。**

ひとえに私のキャラ1本勝負でグイグイってのがいいみたい。

ただのウケ狙いで行ってる人とか、「こういうのが新しいんちゃう?」みたいな感じで行くと、あまり心証が良くないかもしれないけど、そもそも私がおっちゃんっぽいところがあるんでしょうね。

**「見た目はオレらと違うけど、中身はオレらと変わらんな」的な。郷に入っては郷に従え。それは海外の旅から学んだことなんです。**

そうそう、私、父の影響でホルモンがすごく好きで。その好みがお店選びに影響していきます。自然とおっさんぽい店になってしまうのはそのせいかも。酒（っていうかビール）に合うもんを出してくれるところっていう、私なりの基準があるんです。

昔、今田耕司さんがやってた大阪のローカル深夜番組があって、マイナーなクセのある店ばっかり取り上げていて。私はそれにめっちゃ親近感を持っていて「あんなんできたらオモロイな」って秘かに思ってた。いつか私もやってやろうって。で、やってみたらハマった、バズった。

そして、その女ひとり呑み企画の突撃精神が、日本一周軽バンひとり旅にも生かされていく。人生っておもしろい。

**人生無駄なことなんて、ひとつもない。**全てがつながってるし、その人のやってきたこと全てがベースになって積み重なっている。

# 09 ビビリのペーパードライバーが軽バンで旅してわかったこと

ＹｏｕＴｕｂｅｒチャンネルが軌道に乗り始めると、いろいろな案件が舞い込むんですよ。その中のひとつで、軽バンのカスタムカーの企業さんからＰＲ案件がきました。女の子が軽バンのかっこいいカスタムカーで車中泊しながら日本縦断の旅をするっていう企画。

キャンプとか、キャンピングカーとか、グランピングとか、コロナ禍でアウトドア関連のアクティビティがめっちゃ流行ったじゃないですか。「わ！　おもしろそう！」と二つ返事でお受けしたんです。

軽く受けたものの、私、全くもってペーパードライバーだと今更気づいたんです。この依頼が来た時は、運転なんか数えるほどしかしたことない、もう、正真正銘のド素人でした。

三重の実家に帰った時には運転するけど、行くのは近所くらいやし。都会では怖くて絶対運転できない。「ひとりで運転なんか無理や！　その上ＰＲ案件ってそらあかんわ。道路標識をちゃんと見る余裕があるのか……。ヤバすぎる」とどんどんナーバスに。

**不安で前日は全然寝られなくて。明日からひとりで運転せなあかんのに〜！**

そんな生粋のペーパードライバーの私だったけど、『日本一周軽バン女子ひとり旅』と銘打っていざ出発してみたら、これがまた意外とすぐに慣れるもので。

そもそも軽バンだからコンパクトで狭いところでも小回りが利く。すぐに楽しくなってきました。夕べの寝不足？　それだって、軽バンは車中泊仕様だから、仮眠なんてとり放題。だんだん気が大きくなってきました。

「全国まわってる時に困ったことっていっぱいあったでしょ？」って言われるんだけど、そうでもないんです。

軽バンで全国を旅した際の相棒のクルマと。

どんどん知らない道を走ったり、行ったことがなかった東北とか、いろんなところをまわるうちに、日本楽しいってなって。

ひとり行動も好きなんで、ソロキャンプとか車中泊も楽しかったし。

逆に、「そこしか空いてない」的な理由でやけに広いホテルをとった時、ホラーの定番（？）の和室があってビビって寝られなかったりして。

「いっそのこと部屋から出て軽バンで寝たほうがいいんちゃう？」って思って結局軽バンで寝たり（笑）。

**特に怖い思いをしたとか、がっかりしたこともなかったし、むしろ、すごく印象に残るうれしかったことがたくさんありました。**

たまたま入った店で大盛りにしてくれたりおまけをつけてくれたりというようなサービスを受けたり、居合わせたお客さんと仲良くなっておごってもらったりとか、そういうやさしさがすごくうれしかったです。

行くとこ行くとこで触れ合いや交流が生まれていくのも楽しくて。「この人、ひとりで軽バンで日本各地をまわってるんだって」と誰かが誰かに紹介してくれると、ワラワラと人が集まってきたり。

ガソリンスタンド、道の駅、ドライブインなど、いろんなところで出会いがあったし、いろいろ教えてもらったし、助けてもらったんです。

どんどんコミュニケーションが増えていきましたね。

**YouTubeをやってなくても、女ひとり、軽バンで全国行脚してたらきっとたくさんの出会いがあると思うんです。**

ちなみに、いっぺんに日本全国をめぐったわけではなく、九州、四国、東北とか地域ごとに一周して、当時住んでいた大阪に戻ってきてみたいなスタイルでした。

「一番印象に残ったところは？」っていうのもよく質問されるんですけど、**どこか一か所って言うなら、九州一周**かな。とても楽しかったから2〜3回やりました。

フェリーも乗ったし、県と県が近いから、走らせているとすぐに違う県に着いちゃうっていうのもおもしろい。

ごはんは何でもおいしいし、温泉もあって、海も山もきれい。

日本一周軽バンひとり旅は楽しい思い出でいっぱいです。いつかまたやってみたいな。

**最初は怖いと思ったけど、やってみると何とかなっちゃう。**今では沖縄で毎日運転しているけど、この体験があったから、クルマ生活も抵抗なくスタートできました。

これだって「人生無駄なことなんてない！」と思えたことのひとつです。

# 10 自暴自棄でスタートしたアメリカ・ロードトリップで得たもの

日本全国軽バン女子ひとり旅で気をよくした私は、車中泊の楽しさもあって「また機会があればどこかまわりたいな」と思っていました。

そこで女ひとりでアメリカ・ロードトリップの企画をやることにしたんです。きっかけは気分転換というか、気晴らしというか、これからの自分のありかたを考えるマインドセットの旅だったんです。


というのも、2022年の暮れ、不妊治療の体外受精がうまくいかず、ズドーンと落ち込んでしまって……。

2021年7月にリョースケにメキシコのカンクンでプロポーズされて結婚。でも思うように妊娠できないってなって焦りだして。

クリニックで検査しても異常なし。タイミング法から試して、人工授精でもなかなかできなくて。体外受精はめっちゃお金かかるけど、確率もグンと上がるし、1回でいけるやろって思って臨んだんです。

でも、現実はそんなに甘くなかった。

2022年の大みそかに動画もアップしてるんやけど、妊娠検査薬を買ってきて自分たちでフライング検査してみたんです。そしたら……できひんかった。

**母になるのが一番の夢なので、「私、お母さんになれへんのかな」って大号泣。**

私、基本的にはスーパーポジティブ思考なんですけど、気持ちがかなり落ち込んでしまって。あれはきつかった。

リョースケは翌1月に自転車でアメリカを横断するという企画が決まってたんです。私は妊娠してるかもしれんしってことで、渡航予約してなかったんですが、リョースケが「もしKeiちゃんが気晴らしになるなら、一緒に行く?」って誘ってくれたのです。

「オレがロードバイクで西海岸から東海岸まで行く間、Keiちゃんはクルマで女ひとりロードトリップしたらどう?」って。

レンタカーでアメリカを颯爽と走り抜ける自分。それ、いいかも。軽バン女子ひとり旅のスピンオフ企画で、「アメリカ女ひとりロードトリップ」。

とはいったものの、いくら日本で全国をまわったとはいえ、基本的に地方だし、当時はペーパードライバーに毛が生えたくらいなもんで。

**今まで海外では運転しないようにしてたんだけど、妊娠してなかったという超ウルトラがっかり出来事がきっかけで「もうどうにでもなれ」って気分でした。**

もう1回気分をリセットしたくて、急遽出発1週間前にフライトとレンタカーを予約したんです。

リョースケとはロサンゼルスまでは一緒に行って、そこで解散して、私は動画を撮りながら時々車中泊するドライブ旅です。

「車中泊って怖くないですか?」。これ、めちゃくちゃ言われるんですけど、その前に日本国内を軽バンのカスタムカーで旅してたんで、少しだけ免疫がありました。

リョースケとは経由地で合流したけど、それは2か所だけ。アメリカでの運転は、当然ながら日本とは全く勝手が違うものでした。

日本で運転経験が多少あるとはいえ、道路の広さ、クルマの大きさ、交通ルール、全てが未知の世界。道路標識がほとんどなく、地図やＧＰＳに頼りながら進むしかないところもたくさんありました。

初日、ハンドルを握る手は緊張で汗ばんでるのがわかるほど。広い高速道路に次々と流れ込んでくる大型トラックや、アメリカならではの大型ＳＵＶを見て、その迫力に圧倒されつつ、走行距離20万キロオーバーのおんぼろプリウスのレンタカーで走る私。

**でも、走っているうちにどんどん気持ちが落ち着いてきたんです。**目の前に広がる雄大な景色や、空の広さ、どこまでも続くまっすぐな道。体験したことがないひとりドライブの世界は、根っからの好奇心旺盛な私の心に響いてきて、ドライブを楽しむ余裕が生まれてきたんです。

弟が亡くなってから、私の中で「**人生は限りがあるのだから、もっと広い世界を見てみたい**」という気持ちが強くなりました。

弟はいつだって自分の夢を追いかけ、挑戦することを恐れずに行動していた子でした。そんな彼の生き方を思い返すたびに、**私も何か大きな冒険をしたい、弟が叶えられなかっ**

**た分まで自分が経験しようと誓ったんです。**

「アメリカでたったひとり、何千キロもドライブできるんやろか……」と心細くなった時、もし、弟がいたらきっと「やってみなきゃわからないよ」と背中を押してくれたに違いない。

そう思ったら、俄然、心強くなったんです。

**ひとりかもしれんけど、実は弟がついてきてくれてるんちゃう？　と。**

アメリカは、弟がかねてから憧れていた場所のひとつでした。彼はいつかアメリカを存分に旅してみたいと言ってたっけ。弟がその夢を叶えることはできなかったけど、私が代わりに駆け抜けてみようと。

途中、私の目の前には言葉を失うほど美しい自然が広がっていました。透き通るような空気、広大な山脈や夕焼け空。それを目にした時、私は運転しながら泣いてました。

**悲しいんじゃない。なんだかその景色を弟と共有できた気がしたんです。**

13時間もドライブした時の動画のサムネ。きつかった〜。

完走した時には達成感とともに、心の中には弟への感謝があふれていました。

もしかしたら、弟が天国から背中を押してくれたからこそ、この壮大な旅を成し遂げられたんじゃないかって。

この時のアメリカでのロードトリップは、私にとって単なる旅行以上の意味があったように思うんです。

不妊治療で心身が疲れきった自分を、大好きなアメリカに身を置いて癒す機会でもあったし、弟とのつながりを思いがけず感じる時間でもあった。

それは、**私自身が新たな挑戦をして、自分を成長させるための貴重な経験**だったように思います。

長い道のりをひとりで走り続けたことは大きな自信になったし、これからも新しいことに挑戦し続ける勇気をもらった気がするんです。

結局フライトを取り直してレンタカーも契約延長、当初の計画より長く旅を続けました。

長距離を女ひとりで駆け抜けるという大胆な挑戦の途中、図らずもところどころで弟を想うこともあった旅。**弟が見たかったアメリカの大地を、私は彼の代わりに走り抜けたんじゃないかと思いました。**

これからも弟の教えと生きざまを胸に、私らしい人生を精一杯生きていこうと強く思った3週間でした。

## 11
# メディアの情報をうのみにしない

私は今まで35か国へ渡航してきましたが、南米とかインドとかアメリカとか「そんな危ないとこ行くの？　しかもひとりで？」と、まず否定から入る人も少なくありません。日本のニュースで見る海外の様子は、メディア操作があると思っています。

**いいところじゃなくて、事件とかスラム街とか危険なことばかりがフォーカスされる。**

私も、行くまでは怖そうだな、大丈夫かなって思うんですけど、行ってみると案外そうじゃないんです。

メディアが報道する面ももちろん正しいけど、映し出していることはホントにごく一部であって、実際行ったら違うことのほうが多くて。

メディアの情報が全てではなく、その背後には無数のストーリーや感情があるのだということを、痛感しています。

例えば、メキシコ＝ギャングみたいなふうに言われてたんですけど、私には全くそう思えなかった。

人もやさしいし、フレンドリーに受け入れてくれるし。路地や夜道を歩かないとか、ひとり旅の基本的なことは必ず守って旅しますが、それさえやっていれば基本は安全です。だから、メディアは印象操作っていうか、決めてかかってるっていうか、ネガティブな面にフォーカスしていると思えて仕方ないんです。

**ニュースの内容を鵜呑《うの》みにするんじゃなくて、実際行ってみてわかることってたくさんあるんですよね。**イメージとはほぼ違ったって言い切れます。

LUXURY BAGS
DON'T BRING
TRUE HAPPINESS!!

# 第1章

# 世界の人々に学んだ、
# 本当の「自分らしさ」

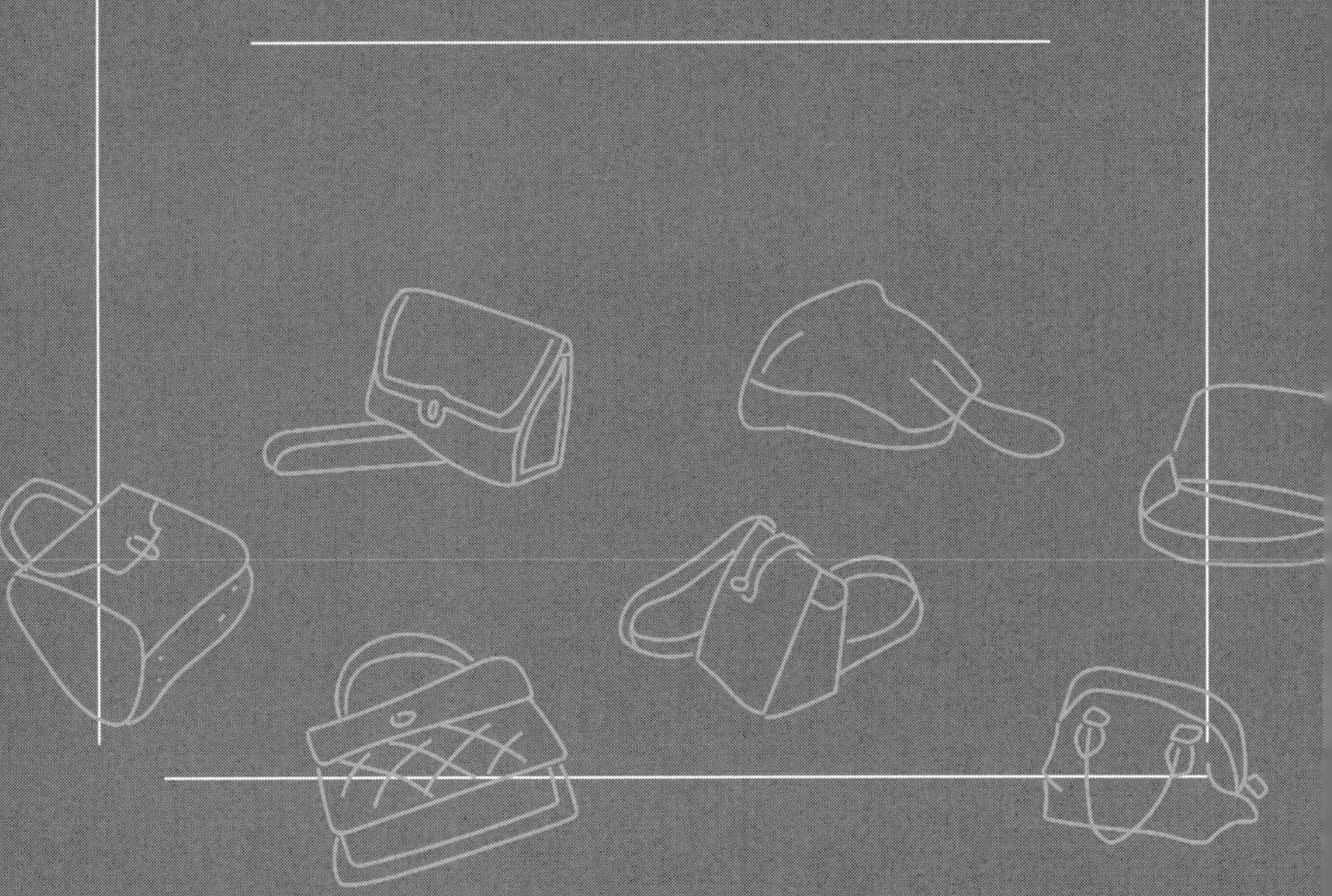

# 12 人と比べるのはやめて、自分のペースを保つ

私のモットーは「人と比べず自分のペースを保つこと」と「自分の直感を信じること」。

海外の人って、自分のペースを大事にしてるというか、むしろ「自分のペースでやればいい」だなんて、当たり前すぎて、敢えて考えたこともないんじゃないかな。はなっから人と比べたこともないし、そもそも気にしないというか。

現地でいろんな人と話してみて、全然自分と違うなって感じました。

特にアメリカで強烈に思ったのが、**基本、自分に自信がある**んですよね。

それは、はたから見たら、失礼ながらイケてるように見えない人でも。

ボディラインがあらわになったムッチムチの人、アメリカではよく見かけるんですけど、ムチムチのまんま平気で街を歩いてるし、お買い物していいるし。

最初はびっくりしたけど、見慣れてくるとそれってめっちゃかっこいいなと思って。むしろ、人と違うことに自信を持ってる。

**「全然イケてないように見える」っていうのも、結局は先入観なんやな。**

イケてないのに堂々として見えるって思うこと自体、恥ずかしく思いました。

彼女たちは日本とはまさに真逆。日本って下手したら幼稚園の頃から教育的な指導ってことで「前ならえ、右向け、右」とか全員と同じことをして、ちょっと外れたり、ズレたり、間違ったりしたら怒られるし、笑われる。

それが当たり前に育ったんですけど、海外に行くと、「そうじゃなくていいや、それは正しくないんや」って思えて。強烈に「みんなと同じはイヤや！」ってなったんですよ。

ＳＮＳで人と比べがちなんですけど、人と違うほうが個性的やし。私は人と同じものは選ばないようになりました。

13

# コンプレックスも頑固さも個性と思って大切にして

人の人生と自分の人生は違うし、心もカラダも100人いれば100人同じじは絶対にない。個性を伸ばしていったほうが断然いいじゃんって、海外に頻繁に行くようになってからひしひしと感じてます。

そもそも、自分のコンプレックスって、他人から見たら気にしてもないし、自分が気にしているってだけであって、私のことなんて誰も見てないし！　人がどう生きようが、それはそれでいいやん、自由やんって、気持ちが猛烈に軽くなったんです。

友人とか視聴者さんとかいろんな人から勧められることとか、こうしたほうがいいよっていうのが、いいことか悪いことかわからないのですが、私は全く耳に入らなくて。歳がいくと我が強くなるじゃないですか。

ジブン、負けたくない。私の意見が正しい、みたいな。年々頑固になってる。

でも、自分の直感をとても大事にしていて、**「これは！」と強烈に響いたことはすぐに採用**してます。

とはいえ、心のどこかで「やっぱり友人と自分は違うし、友達がいいと思ったものは私がいいとは限らないし」っていう頑固フィルターはかかってるけど。でも、その頑固だって私の個性。

直感って、誰にでもあるその人ならではの本能みたいなもので、「なんか違う」とか「なんかこれいい」って感じたことない？

それは自分の指針というか、道歩きのコンパスとして、迷ったらいつでも取り出せるように、頭と心のわかりやすい場所に置いておくといいのかなって思いました。

もしかして、日本人の直感力は弱まっているのかもしれない。人間の本能みたいなところが。

## 14 悩みすぎて限界がきたら旅に出る！

リョースケがいつも言うんです。「悩むのは時間の無駄。反省するところは反省して、頭の中を切り替えないと」って。でもね、悩む時間も反省も大事ではある。

というのも、人って失敗しないと学ばない生き物でしょう。失敗しながら改善しながらアップデートして生きてる。人生で大きい失敗が起きた時にもちろん悩むし、「私、なんであんなことしたんや！」って後悔もたまにあるけど、それを次に生かせばいいんじゃない？　っていうのが私の考え。

ずっと悩んで落ち込んでても何も変わらない。だから言いたいのは、何時間も何日もずっとメソメソ悩んでる時間って、すごくもったいないってこと！

反省は大事だけど、それを教訓に気持ちを切り替えて、環境を変えるなりして前に進もうよ。

**失敗したことって、勉強やったんちゃう？　って思うようにしてます。**

ＹｏｕＴｕｂｅ動画では「悩んでる時間がもったいないから、その時間があるなら旅に出たりとか、次のことしちゃう」っていうふうに言ったことがある。

今、改めて振り返ってみると、旅してる間に悩んだり、「ヤバ！　これやっちまったな！」みたいな反省とか、全然ないんです。多分、ちっちゃいことはいっぱいあったと思うんです。でもそれって全く気にならないし、思い出すこともない。つまり些細なことなんですよね。

あれ忘れた、これ忘れた、怒られた、でもすぐ忘れる。私、元々細かいことに気づかないタイプだし、あんまりくよくよしない気質なんです。

普段から、「わー、どうしようやっちゃった」みたいなことがあっても、次の指令やら情報が脳に入ってくるとすぐ忘れちゃう楽天家。そもそもあんまり次の日に持ち越すとか引きずることはない。

もうやってしまったらしょうがないし、終わったことだし。

ただし、私にもたまーにあるんです。超ド級の悩みが。

15

# 「非日常」をどこかにプラスして心の切り替えをする

最近一番悩んだり落ち込んだりしたのは、やっぱり不妊治療のこと。すぐ解決できるわけじゃないし、そもそも自分の意思でどうにかなるもんでもない。それに、かけてきた時間が長かったってのもあります。

そのことは後の章でじっくり書くとして……。

旅に出ると、思っていた以上に心が軽くなります。新しい場所に行き、新しい景色を見て、そこで出会う現地の人とのコミュニケーションの尊さったら。

YouTubeにもアップしていますが、旅先での自然の美しさ、果てしない一本道、朝日や夕日に思わず涙したことが何度あったか。現地の人とおしゃべりしている時、「**あれ、先週まであんなに悩んでいたのに。悩みがちっさくなってる！**」とさえ思ったり。

ありきたりだけど、「世界はこんなにも広くて、知らないコトや場所がたくさんあるし、価値観だっていろいろ。私はちっさい悩みにとらわれすぎているかも」と思ったり、「何をあんなことでくよくよ悩んでたんやろー」とか。そもそも、それすら思い出さないくらい、悩み自体を忘れてしまうこともしょっちゅう。

どんだけ落ち込んでも、人生長いんやから。もっと違う人生もあっていい。

**環境を変えるって、決して逃げることじゃない。**自分自身をリセットするための大切な時間だと思うんです。普段と変わらない日常の中で悩み続けていると、どうしても同じことをぐるぐる考えてしまいますよね。でも、ところ変われば常識も変わる。違う空気を吸って、普段とは異なる風景を見ることで、解決のヒントが見つかるって信じてます。

とはいえ、そんな頻繁に旅行なんて行けないですよね。

普段できる、切り替えるコツやアクションは、ズバリ「非日常」。

いつもはしないことをするんです。私の場合は、昼から飲むお酒。キッチンでごはんを作りながら飲むお酒はとっても好き。いい気分転換になります。

16

# 悩みすぎちゃった時には今、思ったことを紙に書く

悩んでいても全然解決策が出てこなかったり、煮詰まっちゃった時、どうしようもなく落ち込んでしまった時、そもそも悩んでいることに疲れてしまったり。私にも出口が見えない日々がありました。

**そんな時には紙に書いてみるのがお勧めです。**

悩みや問題の整理はもちろんですが、単にこうしたい、ああしたいというバケットリストでもいいし、何をどうしたいのか、箇条書きにしていくのでもいい。

可視化することで、かなり整理されるはずです。

そうしていくうち、頑固に絡まっていた紐がほどけるように、頭の中がクリアに整理されていくんです。文字や図にしてみると、全貌が見えてくることは多々あります。

紙がベストだけど、今はPCやスマホにもメモできるし、そうすると隙間時間にアップデートできるからそれでもいいかもしれません。

# 17 自分にしかない個性を前面に出していく

日本では、電車でも人と違う個性的な格好の人がいたら、みんなの視線を集めたり、いや、逆に「見んとこ」と不自然に目をそらされたりするけど、海外の電車って、もう歌ってる人おるし、モノ売ってるし、何でもアリ。

「日本もそうならへんかな」と、秘かに願う私は、啓蒙と言うにはおこがましいけど、まずは私の周りから、**「変わってるくらいがかっこいい」スピリッツをじわじわと広めていこう**って思ってます。

人と違ったっていいやん。

むしろみんな一緒っていうのがおかしくない？　堂々と前向いて、自分だけの個性を出していこ！

18

# カルチャーショックを受けたなら成長のチャンス

保守的な田舎育ちの私。昔っから大人の言うことが絶対で、それが当たり前だと思ってたし、親とか先生が言うことが全部正解だと思ってきたんで、その価値観はこの30代で一変しました。

みんな同じ服を着て同じような生活スタイルで、同じような人生サイクルで、同じ考え方が正しい……みたいな。人と変わったことをすると叩かれたりとか、突かれたりしませんか？

私たち一般人はもちろん、テレビに出てくる芸能人やスポーツ選手だってそう。個性を売り物にしている人たちですらそうなんだから。

日本も最近ちょっと変わってはきたけど、やっぱりアメリカに行くと我にかえるというか、いい意味で心が揺り起こされる。

日本にいると、「こんな格好して歩くのはアリ？　ナシ？」とか。他人はそこまで自分を見てないし、どうだっていいのにね。

アメリカで出会ったスタバの店員さんは、「これじゃ生活しづらいだろうに」と心配になるくらいに爪が長かったけど、店の規則でもそれはＯＫなんやって。大らかやなあって思う。

しかも、接客は適当で愛想もないの。日本とのあまりの接客態度の違いに、ラテ片手にしばし考えこんでしまいました。

**でもこういうカルチャーショックって自分をひとまわり大きくしてくれる。**

悩むのはアカンけど、文化の違いを比較するのは、脳と心の栄養になる。

男女関係なく、しっかり前見て、「私、どう？　イケてるでしょ？」みたいな人を目の当たりにすると、「うわ！　やっぱ、めっちゃかっこええやん！」と思ってしまう私がいます。

19

# ブランドバッグは「自分の弱さ」の隠れ蓑

みんな一緒じゃなくていいんだって話と同じく、切っても切れないのが「ブランドバッグ」。女子高生、いや、今や小・中学生からおばあちゃんまで、こんなにブランドバッグ持ってる国民っている？

私にはもう、みんなと同じモノを持つことは素敵と思えなくて。

自分のインスピレーションでピピッときたものとか、あの時あの場所で買ったよねっていう、モノに対しての思い出があるとか、これを持つことで昔の風景を思い出すとか、そういう物語があるものが私は好き。

みんなと同じじゃなくて、**「それどこで買ったの？」「そういうのってどこに売ってるの？」って言われるくらいがちょうどいい。**

そのほうが、生き方としてかっこいいなって思うし、そういう人に憧れます。

最初に言った通り、私にも昔はブランドバッグがほしいなっていう時期がありました。田舎育ちやからこそ都会に憧れて、頑張ってブランドのアイテムを買ったことも、あります。

思いっきりロゴが入ってる目立つものを買ったり、紙袋をサブバッグにして得意気に持ったり。ブランドものが買える自分、イケてるブランドを持ってる自分に悦に入ったり、変に自信がついたりもしていました。

「もうブランドものはいらない」って意識が変わったのは、みんな同じようなバッグ持って、同じような服を着ている理由が海外へ旅に出てから、なんとなく察しがつくようになった。**自分の弱さを隠したいんじゃないかって。**

売れてるキラキラした憧れのブランドバッグを持つことで、自分の弱さから目をそらすことができるし、これを持つことで、**「これが買える自分ってすごいでしょ」って気持ちよくなる**ってことだよね。

20

# 人間、最後に残るのは「記憶」と「思い出」だけ

ブランドバッグや高級時計、貴金属、そういうものって、人から見てかっこいいと思われたいから持つんやろうし、自己顕示欲とかマウントを取るとか、そういうこともあるかもしれません。

昔は私も「高いバッグ持ってる私、鼻高々。かっこいいでしょ」って思ってたし、そう思われたかった。

当時はかっこいいお姉さんになりたくて、サンローランが大好きでした。アパレルの販売員だったこともあって、流行や人気のど真ん中を求めてたし、いいなって憧れたりしてた頃だったんだなって思います。

かっこいい系のサンローランは憧れでした。

それもこれも、みんなシャネルやルイ・ヴィトンを持っていたから、ちょっと外したい

っていう、私なりのささやかな抵抗があったかもしれないですね。周りとちょっと差をつけたい的な。

次はどのブランドのバッグを買おうかな。こないだ雑誌に載ってたあれがいいかも。50万？　うんうん、いいかも。頑張ってお金貯めよ……なーんていうふうに、バッグを買う目標に向かっている感じとか、持てた喜びとか、それを持って歩くことがステータス、いい女の条件……。そういうふうに思ってたし、思われたかったし。持ってる自分、マジかっこいいって思っていました。

**でもそれは20代前半で卒業しました。**

ちなみに、私たちの結婚指輪はリョースケが宝石を自分で採掘して、一から手作りしてくれた世界でたったひとつのオリジナリティあふれたもの。私にとっては、そのほうがずっとプレミアムなものなんです。

# 21

# 不要なモノはさっさと売却が吉！

弟の死をきっかけに、「もういらん！」となったブランドバッグたち。全部メルカリで売りました。

弟の棺を目の前にして、残るものって魂と思い出だけなんだなと実感。お葬式に来てくれた何百人もの友達。大事なものってブランドものじゃない。死んでから天国に持っていけるものなんてない。

**残るものは、残されたみんなの中に留まる記憶。経験と思い出と友人との交流**とかそういうのだと思うんです。

死ぬ間際に絶対思い出すことって、ブランドバックでもないし、高級車でもないと私は思うんです。弟がまるで寝てるかのように横たわる棺を眺めながら、そう考えていました。

弟には、その時に改めて教えられたことがとても多くて。世界中を旅し始めてから、余

アメリカ・ホワイトサンズの、どこまでも広がる純白の砂漠を目の当たりにして、「これが何よりも大事」と気づきました。

計に思い出すようになりました。ふとした時に。不思議なんですけどね。

旅先で果てしなく大きい世界を見て涙が出て、「ああ、これが何よりも大事なんや」って、痛感してから余計に。30歳過ぎて〝ブランドバッグ不要論〟を唱えるようになりました。

**弟が亡くなったことによって、ブランド至上主義とか、外見とか見え方ってどうでもいいって思うようになりました。**

22

# 年齢は、ゲームで言えばクリアしたレベルの数と思ってみる

今、36歳になって、10代の頃の自分が想像していた36歳とは違う気がします。36歳って、もっと大人で、子どももいて、ちょっと落ち着いてるだろうって思っていました。20代は就活があったり、社会人生活が始まったり、厳しい世間に揉まれる一方で、楽しいけど、あまり自由じゃなかったなって。

何よりリョースケと出会って結婚して、30代からちょっと仕事も落ち着きだして、自分に使えるお金も20代の頃よりはある。30代ってこんなに楽しいんや！　って痛感して。体力もまだまだあるし、子どもがいない分、ふたりでいろんな世界に行けるし。

アラサーとかアラフォーとか、日本って年齢をネガティブにとらえがちだけど、今の若い子に、30代ってまだまだ元気で若くて、どんどん楽しいことできるよって言いたい！絶対20代より30代のほうが楽しいから、大人になるってマイナスじゃないよっていうの

を動画を通じて若い子にも伝えたいんです。

同じ30代で、置かれた環境で悩んでる人もたくさんいるけど、生き方の方向転換しながらまだまだ転がっていける30代って全然若いし、余裕で修正ができるよって言いたいんです。

私は20代の頃、「30代になるとつまんないんだろう」って勝手に思ってた。結婚して子どもができて、平凡な毎日を送って、大好きな旅も年２回ぐらいしか行けないまま普通に過ぎると思ってたんで、今の自分みたいに、こういう生き方もあんねんなって。

**自分でも、こういう30代も全然アリやなって思ってる。**

23

# 人との出会いや別れが自分の人生を変える

ＯＬとして毎日決まった時間まで働いて、お金を貯めて海外旅行に行ったり国内旅行に出かけたり、適齢期で結婚して子どもができて……みたいな未来をなんとなく思い描いちゃってた。

それが普通やと思ってたし、そういう周りの大人とか親戚とかを見てきたから、今のように自由にいられるのが不思議でもあります。

10代や20代の頃、憧れてた先輩とか目標にしていた人とか、ロールモデルみたいな人が誰もおらんかったってのもある。

ただ、海外にずっと憧れながら育ったので、日本だけじゃなく、世界中で通用するような仕事ができればなぁとは思っていました。漠然としているけど、そんなに大きな目標があるのに、私は普通に百貨店でアパレルの接客をする日々、でもバケットリストを書いてみたりはしてたんですよね。

その時、リストを見ながらやりたいことを計算していったら全然時間足りひんやん！　ってなって、今こんなことしてる場合じゃない！　って思ったものの、やっぱり一歩踏み出す勇気がないまま、ダラダラ１年が経ち２年が経ち……を繰り返していた時、リョースケに出会ったんです。

## 弟の死とリョースケとの出会いが私の人生の２大ターニングポイント。

リョースケと出会ったことで、思い切って仕事をやめて、何もわからないＹｏｕＴｕｂｅを自分で撮影して動画を作ってみたんです。

最初は再生数も伸びひんし、どうしよう……って凹んだけど、ここは日本やし、本当にお金に困ったら仕事はいくらでもあるし、何とでもなるかなと、いい意味で何も考えずに目の前のことをやってきたら、いつのまにかここまで来たという感じです。

## 24

# 死ぬまでにやりたいことは何か考えてみる

30代にやりたいことを書き出してみると、私みたいに全然時間が足りひんやんってなって、**具体的に見えてくるものがあるので、やりたいことを文字にして眺めてみて。**

行き当たりばったりな気もするけど、それもまた縁と運。バケットリストが書けたら、チェックボックスにチェックマークをどんどんつけていってみてほしい。

当時手書きのスケジュール帳だったんで、スケジュールを見るついでに後ろのほうに挟んでいたバケットリストを眺めていたんです。常に見てました。仕事の休憩中や電車の中でもね。書きっぱなしではなく、よく見返してました。

書くだけでも十分かもしれないけど、ちゃんとそれを後から反芻《はんすう》してたというか、繰り返し見てたところがポイントかも。現状に満足してない分、見返し続けてましたね。

**今も、iPhoneのメモ機能に書いて、しょっちゅう見ているし更新しています。**

長距離フライトで好きな国へ旅する老夫婦を何度も見かけたりして、いつも「ああなりたいな」ってリョースケと話してるんです。リョースケも、「いくつになってもずっと旅していたいから」と、ストイックにカラダを鍛えてる。人生まだまだ始まったばかり。**10代、20代より断然今が楽しい。**

**レベル数はいくつまでいけるか、それは自分との闘い。競う相手は他人ではなくてあくまで自分なんです。**

# 25 「空気を読む」が通用しない国ではとことん自己アピールして

人口世界一のインドでの女ひとり旅では、日本のカルチャーは通用しない、エクストリーム体験の連続でした。イヤなら強く「NO!」を自己アピールしなきゃ、どんどん踏みつけられていく街です。

インドに女子ひとりで行くと、世間は「絶対事件に遭う」ことが前提になっている印象を受けました。性被害とか連れ去りとか、「本当に危ないから、マジで行かんほうがいいよ」ってYouTubeコメントなり、直接なりいろいろ言われてるんです。「なめすぎや」とか。

**私は、原因は当人にもあると思ってます。**日本人ってちゃんとNOってはっきり言えないじゃないですか。

曖昧で、「何でもいい」みたいな、中途半端な言葉で表現しちゃうと相手に「イケる」って思われるから、犯罪にも巻きこまれやすいのかも。

私が気をつけているのは、スマホを出すのも最小限にしたり、道に迷ってるように見られないようにしたりとか、堂々と前向いて歩くといった工夫をしています。

とはいえ旅行者だということには違いなく、女子ひとりだから余計に気をつけるようにしてます。でも悪い人はホントに少なくて、困ったことがあれば聞けば教えてくれるし、私を連れ去ろうとか引っかけようとか、そういう経験が今まではありませんでした。

これまでがラッキーだったからかもしれませんが、必要以上におびえず、はっきりと自分の意見を主張して旅を楽しんでほしいと思います。

## 26

# 旅先ではまず ローカルのショップで服を買う

観光客ふうというか、旅行者だからなめられるんですよね。だからちょっとカモにしてやろうって思われるのは当たり前。

まず第一にやることは現地に同化すること。日本人だってわかるような服を着てるのはダメです。

コロンビアに行ったり、モロッコに行ったり、インド、アルゼンチンにもひとりで行ったけど、**まずは地元のローカル色満点の商店で服を買うんです。**

現地で買った服を着ると現地人に見えるんですよね。街にとけこめるというか。それに、「日本じゃ着いひんやろこれ」っていうファッションにも挑戦できるし、それも旅の楽しみのひとつなんです。

**極論、日本から服を持っていかなくていい。**最低限の下着とか、万が一なかった時の服1~2セットだけで、あとは現地調達っていうのがいい。

荷物は少なめでバックパックひとつ!

旅先に着いたら、地元のローカル店に飛び込んで服を調達！

12日間で8か国、ヨーロッパと南米とアメリカに行った時は、私たちが手がけているアパレルブランドで売り出している小さいオリジナルバックパック。

**私、キャリーバッグ持ってかないんで。**

空港でも荷物待たなくていいし、道が悪いところも、スーツケースだと引けないから、背負ってしまうのがいい。身動きがとりやすいし乗り継ぎも便利なんです。

**「必要」と「あると便利」は違うから、感覚を研ぎ澄ませて、本当に必要なものを最低限持ってって、あとは現地で服を買う。**

堂々と前を向いて歩けるように！

## 27

# 超人見知りがコミュ強に変わる場所とは

日本では自分から友達を作りにいこうとするタイプじゃないので、昔から知ってる人とだけ付き合ってきました。基本的に交際範囲は狭く深く。自分からはほぼ話しかけないし、「はじめまして」の人にはめっちゃ緊張するし。

それがどういうわけか、ひとたび海外に行くと、人見知りスイッチが突如ＯＦＦになって全く別のキャラクターになるんです。

日本だったら、あそこにいるおばちゃんにひとこと聞けば一発解決なんやけどなってわかってても、時間がかかってもスマホのグーグルマップで調べて何とかしちゃうんだけど、海外だと隙あらば話しかける。ちょっと道がわからなくなったらすぐ聞くし。人との出会いがすごく楽しいし、ワクワクする。

もしかしたら、自分、英語しゃべりたいんかも。英語しゃべってる自分が好き、とか。英語そんなに得意じゃないのに。

でも、**また日本に戻ると、その人見知りスイッチがONになる**んです。海外でリミッターが外れたから日本でもそのまま社交的、じゃなくて、日本に帰ってきたらまた人見知りが発動するんです。

３日間ぐらい海外にいる自分が持続するんですけど、やっぱり日本の自分に戻ります。

不思議なことに、軽バンに乗って旅に出ると、人見知りスイッチは若干ＯＦＦになるんですけどね。一体どういう精神構造なんやろ。

海外だと、開放的な雰囲気とか自分ひとりで何とかしなきゃとか、いろんなものが湧き出てくるから、「人見知りしてらんないな」って脳が判断するんでしょうか。

普段の自分から別の自分になれる場所、シチュエーション、コミュニティ、そんな環境がひとつあると、人生がもっと楽しくなるかもしれません。

## 28

# 化粧も服装も好きにする！人の目を気にしないコツ

私はなぜ海外ではオープンでフレンドリーになれるのか。

都会でないところや海外の田舎や、はたまた未開の地に行く場合は、サバイバルというか、ひとりで何とかしないと誰も助けてくれないし、人見知りなんてしてられないっていうのはよくわかります。

でも、イヤイヤ積極的になっているわけじゃないので、海外だとなぜこうなるのか考えてみました。

無理して勇気を振り絞って話しかけてるわけじゃないんです。なぜだかわからないんだけど、全く別の自分になれるし、元々気にしないほうですけど、海外に行ったら何もかもどうでもよくなるし。

**服装だって別にどうでもいいし、なんか「化粧せんでいいや！」っていう、あんまり見た目を気にしない自分になる。**もしかして、それ？　日本にいる時より、断然「考えること」が少なくなるんです。

日本国内の地方でも同じってことは、やっぱり普段の生活では、気にしてないと言いつつも、人目を気にしすぎているってことなんじゃないかって。

でもそれってどうしようもないことだし、無自覚だから、たまにそうやって日常から脱出して、自分を見つめ直すことも大事なんじゃないかって思うのです。

そうでないと一生気づかないから。

29

# いつか住みたい場所を思い描く

海外にいる時の自分、特にアメリカにいる私が好きで、こんなにアメリカにハマるとは思ってもいませんでした。

アメリカって、何回行っても、着いた瞬間からすっごい笑顔になってしまう国。空気も好きやし、人々のフランクさも大好きやし、目に入る全部がデカい感じも、「わ〜」「キャ〜♡」って感じで。

州をまたぐたびに、まるで国が違うみたいにいろいろテイストが変わってくるので、まだまだ全然行き足りない国です。

ちなみに、初海外もアメリカのＬＡ。大学1回生だったから19歳の時でした。

女友達とふたりで行った学生旅行で、英語しか通じない国に行ってみたいってことでＬＡを選んだんですけど、当時、何もわからなくて。

危ない場所なんかも全然わかってなかった。

ただただ安いという理由でそのホテルに泊まったら、結構治安が悪いとされているエリアで。道を歩いていたら急にクルマが横に止まって何かしゃべりながらドアを開けられるし、今考えると「怖っ！」って感じですが、でもやみつきになるほど刺激的なところでした。


**その大好きなアメリカの中も、一番お気に入りなのがテキサス。**


西海岸派、東海岸派かと聞かれたら、私の場合、東ではないですね。ニューヨークとかじゃない。

完全に西派、とりわけ中西部派です。ＬＡもかなりエキサイティングで多様な人種や文化が入り乱れて、ハイソな場所もあればゴミゴミしてて治安が悪いところもたくさんあって、ヒリヒリした感じも好き。

写真や動画で見た場所でもいいんですが、ピンとくる、好きだなって場所があるはず。いつか住んでみたい場所を思い描くのもワクワクしますよ。

# 30 偶然の出会いは二度とないと思って一期一会を大事にする

テキサスは物価も安いし、法人税もなければ所得税もないから住みやすそう。牛肉もおいしいし、ご当地のテクス・メクス料理も最高。

そして医療研究も盛んで、著名なメディカルセンターも多い。

そんなテキサスの牧草地帯が広がったあたりで、テンガロンハットを被ったおっちゃんにとってもよくしてもらったことがあります。

訪ねたのは、人気ステーキハウスで、夕飯時だったこともありほぼ満席。ひとりだったためカウンターに座ったら、両端のテキサス人がグイグイ話しかけてきて。

「この肉はこうやって食べるといいよ」とか、「このソースは合わないからやめとき！」とか。

最終的には隣のおっちゃんにすっかりご馳走になってしまって。「Enjoy! U.S.A.!」って送り出してくれたんです。やさしい！

テキサスの人気ステーキハウスで700gのお肉をガブリ。デカすぎたけどひとりでペロリ！

みんな陽気にガンガン話しかけてきて。ひとりだからこそしゃべりかけられやすいのか、**ひとり旅だから出会えることって多いよなって思うんです。**

「日本から来た。クルマで旅している」って言うと、みんなすごく興味を持ってくれました。カメラで動画撮ってれば「何してんの？」「どこのカメラ？」とか。

旅先での出会いは、今も大切な思い出。大事にしていきたいですね。

# 31

# 距離を置くと、自国のいいところが見えてくる

今年の7月にもリョースケと一緒にテキサスに行ってきました。テキサスに住むYouTuber、スティーブとコラボしたんです。大邸宅が建ち並んでるエリアだったけど、聞いたらそんなに高くなくて、確か5千万〜6千万円なのだとか。東京じゃあワンルームしか買えませんからね。

スティーブの家は、天井が超高くて庭には巨大ガレージと広ーい芝生がありました。アメリカのドラマに出てくるような超大豪邸！

スティーブはニューヨーク出身のYouTuberで、日本に駐在していたこともあって、日本語は超ペラペラ。

日本の旧車をすごく愛していて、日本の軽トラ含め15台ぐらい所有していました。日本の政治にもかなり精通していてめちゃくちゃ日本贔屓で陽気な人。

スティーブの豪邸。いつかこんな家に住みたい！

あんなに大きな家に住めるって、夢が広がります。いつか私たちもアメリカであんな家に住めたらいいなと思うんです。

スティーブはアメリカに対して愛国心がある人だけど、日本のことも好き。「日本のこういうところ見習おうよ」ってYouTubeで話してる。

日本には日本のいいところがあるし、アメリカにはアメリカのすばらしいところがある。両国、それぞれのいいところを取り入れ合ったらいいのに、っていつも真剣に考えてます。

**近い将来、世界中に拠点を持ってベストシーズンごとに住まいを移りたい。**世界中のいいとこどりをして心の欲望に忠実に生きたい。そういう目標を常に持つと、モチベーションアップになります。

LUXURY BAGS
DON'T BRING
TRUE HAPPINESS!!

第2章

# ほぼ24時間一緒にいる
# 私たちの「夫婦円満」の秘訣

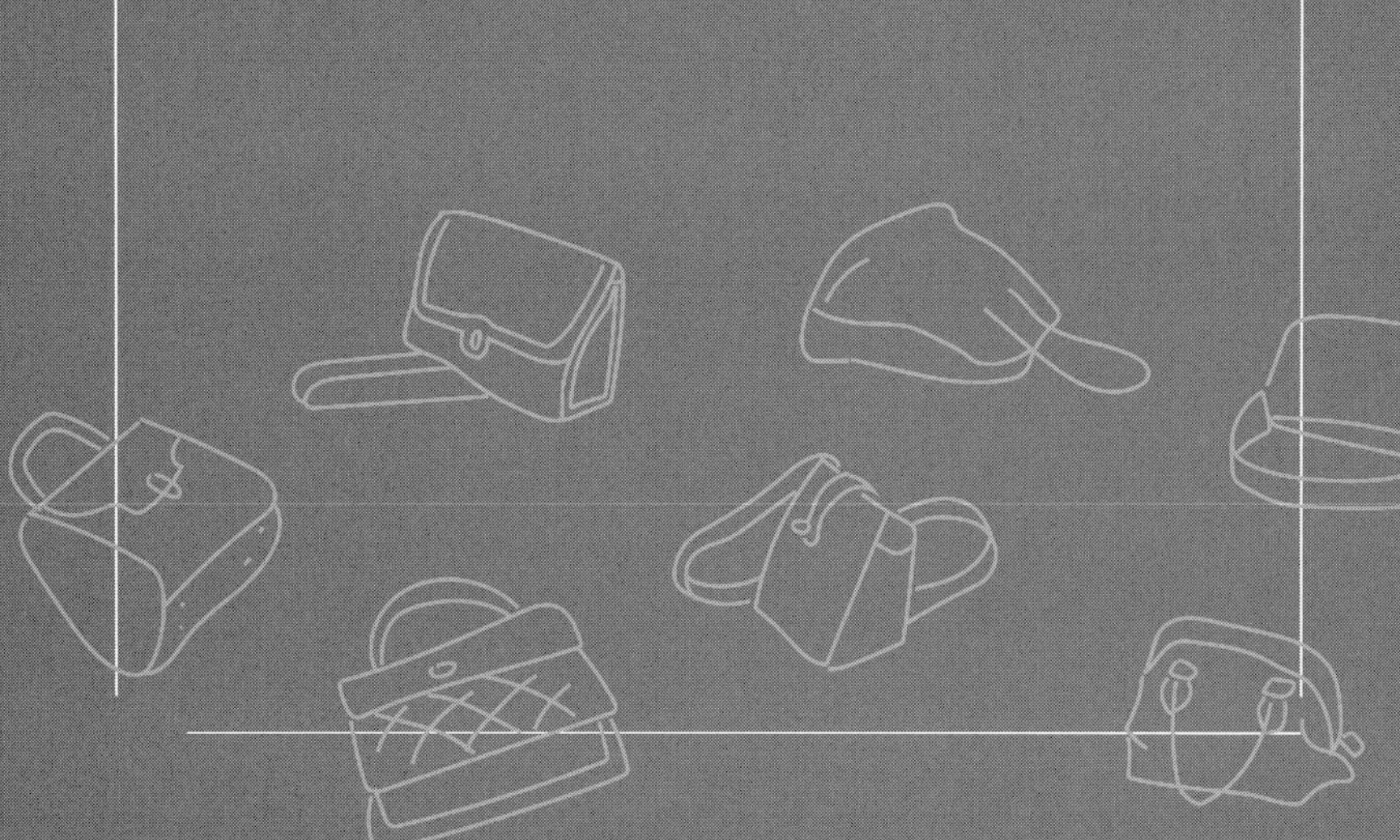

# 32

# 偶然は必然ととらえて縁を逃さない

人見知りの私が自分で自分のことを世の中に発信するようになったのは、同じくYouTuberの夫、リョースケの影響です。

リョースケはひとつ年下の、とことん陽気でポジティブで超元気、この先もずっと「ガキ大将」でいるんじゃないかって人。でも、めっちゃ頼りになる。

彼に出会って、すぐに仲良くなって、小さなワンルームに一緒に住み始めて。それから大きな喧嘩は一度もない。何度も言っている通り、**これまで生きてきた中で、大きなターニングポイントはふたつ。それは弟の死とリョースケとの出会いなんです。**

私が26歳の時の弟の死、31歳の時のリョースケとの出会い。このふたりのオトコが私に与えた影響はとてつもなく大きなもので、それまでの人生が一変したと言ってもいい。

人は死ぬ時、一番その人の真価が問われるってこと。経験に勝る財産はないということ。

元々、私が持っていた気質だとは思うのだけど、それがこのふたつの出来事によって覚醒した、という感じ。

# 33 きっかけはナンパ。どこに運命が転がっているかわからない

出会いは私がバイトしていた大阪のホルモン鍋屋さん「かわむら」に、偶然お客さんとしてリョースケが来たんです。

百貨店のアパレルで接客の仕事をしながら、夜は時々、そこでも働いていたんです。

リョースケは山口県出身なんだけど、大学が愛知で卒業後は東京に住んでいました。YouTuberをやりながら貧乏旅をしてて、しょっちゅう海外にも行ってたんだけど、空港はほとんど羽田か成田から。

あの日、「たまたま」関西空港に来るタイミングがあって、私もその日が「たまたま」バイトの日だったんです。

偶然は重なるもので、「たまたま」次の日に店主が朝イチで肉をさばかないといけないので、泊まり込みになるからとかなり遅くまで店を開けてたんです。

通常の平日だったらとっくに閉店してたし、私もシフトに入ってなかったら出会わんか

大阪・天神橋にある「丹波 鍋ホルモン かわむら」にて店主のやっちゃん（中央）と。

った。そこでリョースケが私に一目惚れして、すごいしゃべりかけてくれたんです。

**早い話、ナンパですね。**

私から見たリョースケの第一印象は、すごく笑顔が素敵で明るいようしゃべる子やなぁ、でした（笑）。たまたま、私もリョースケのYouTubeを見たことがあって「ああ、旅動画の人やん。あのオモロイYouTuberさんか〜」って。

同じ旅好き同士で話が盛り上がり、すぐにふたりで後日ごはんを食べに行きましょうとなりました。

# 34 彼氏に1000万円の借金があったら結婚する？

リョースケと運命的に出会った夜のことは、まだ鮮明に覚えています。

多分夜の9時半とか10時ぐらい。「かわむら」のことはスマホで検索して、行き当たりばったりで来たって感じ。これはもう、ものすごいご縁やと思います。今考えても。こんな運命的なこと、実際あんねんなあ。

ホンマ、運命の場所ですね。店主には、婚姻届の証人になってもらいました。何なら、両親との顔合わせもこの「かわむら」。

失礼ですが、見た目は小汚い感じなんですけど味は絶品。今でも大阪に行ったら必ず立ち寄る大好きな場所です。

出会った時はまさか結婚するとは思いませんでした。でもすぐに惹《ひ》かれ合って、わりとすぐ同棲。当時、私が住んでた7畳くらいのワンルームにふたりで暮らしてましたが、お互い本当にお金がなかった。

当時のリョースケは自分で起業していて、信頼していた副社長にお金を持ち逃げされたタイミングでした。借金を抱えたまま同棲することになり、1年間は7畳ひと間にふたりで暮らしましたよ。

なんとその時の借金額は「1000万円」でした。

**でも、不思議と全く不安じゃなくて。本当に困ったら私が働けばいいしって思ってました。**

だって、本当に生きる力がある人だなって動画見てても思ったし、何よりめっちゃ尊敬できるんです。考え方がすごい楽天的で、でもハートがきれいで自分の人生でやりたいことをちゃんと決めて、そのテーマの通りに一切ブレずに生きてるところもすごいなって思ったんです。

パートナー選びは見た目や性格のフィーリングが問題なければ、仕事や経済状況は現状で判断しなくてもいいんじゃないかと。いわゆる「ポテンシャル採用」もアリかもしれません（笑）。

# 35 仕事も職業も同じだけど、夫とうまくやるコツ

一緒に暮らすようになってから、リョースケのYouTubeの撮影アシスタントみたいなことをしてたんです。

でも、やってるうちにリョースケが「Kei ちゃんも自分のチャンネル作ってみたら？絶対人気になるから！」って勧められて。

そうやって私もYouTubeを始めることになったんですけど、立場的に私はリョースケのサブチャンネルでいいって思ってたんです。たまに映り込むくらいの、サポート役で全然いいなって。

**あくまで私の夢は「お母さんになること」**で、いつかママになって、いつだって家をきれいにしておいて、帰宅する夫を出迎えるような専業主婦がいいなって。今もそう思ってるし、誰かをサポートするほうが自分は向いてるなって思います。

人の前に立つとか、誰かの上に立つっていうのは向いてないし、陰ながらサポートする形でいいって考えてました。

YouTubeの編集もいつも並んで作業。

これはケースバイケースだと思うのですが、**ウチの場合はリョースケがメイン、私がサポートという立ち位置があります。**

そのポジションが喧嘩もせずにうまくいってる理由なのだと思います。

リョースケの苦手なところは私がサポートし、私ができないことをリョースケがカラダを張ってでもやってくれる。その分業がいいんだと思うのです。

## 36 夫は末っ子、私は長女気質で夫婦仲は全て円満⁉

リョースケは年子のお兄さんがいる末っ子、私は弟がいる長女。この組み合わせがすごく合っているんじゃないかな。

家では、リョースケに対して私はまるで母のように接してるんです。もう、監視カメラがあったらヤバいってくらい、リョースケのことが本当に可愛くて、母性がダダ洩《も》れてしまってる。

よく、お子さんがいるご夫婦とか、夫に対して「こんなでっかい息子を産んだ覚えない！」みたいなことを言う奥さんがいますよね。「ウチにはもうひとり、でっかい子どもがいるみたいなの」とか「ウチの母も父のこと、そう言ってました」とか。今、まさにそんな感じです。

でも、私がリョースケを息子のように徹底して可愛がるっていうのは、全くネガティブな意味じゃなくて、ポジティブな意味なんですよ。

**早くに産んだ大きい息子みたいな感じかな。**

だから、仕事がオフの夫には、とことんお世話してあげたいし、「きっとこれ好きやろうな」っていうのも食べさせてあげたいし。マッサージしてあげたり、構いたくなっちゃうんです。

**本当に面倒見たがりのザ・長女で、リョースケは甘えん坊のザ・末っ子だから。**

夫は甘えん坊で楽天的であんまり深く考えずに突き進むタイプだし、次男特有のお調子者のところもある。反対に、私はものすごく母性が強くて、世話したがりで、責任感も強くて、何なら親の顔色もビミョーに気にしている。

しかも、何でも「お姉ちゃんがやってあげるよ」みたいなお節介なところも。一歩間違えばウザいタイプ（笑）。そういう「破《わ》れ鍋に綴《と》じ蓋《ぶた》」的に、うまくピースがハマっているように思えます。

でもそれって、家族に対してだけなんですよね。他人には一切興味がないし、干渉もしないし。つまり、家族愛が強い。母もそういう人でした。常に自分のこと以外でバタバタと、家では立ちっぱなしのまま、なんやかんや作業していました。

# 37
# いさかいは、「余計なひとこと」から始まる

私たち、たまーに別々のこともあるけど、海外でも日本でも旅先でも基本ずっと一緒なんですよね。しかも仕事しながら旅をしてるので、本当に年がら年じゅう行動をともにしています。だから、どうしたって、ちょっとした揉めごとに発展することもあります。ごくたまにですけどね。

**なにせ、お風呂とトイレ以外、ほぼ一緒にいるんですから。**

旅に出ている時は、時間の経過に加えて、発見とか出会いとかいつもと違う景色があったりするから、意外とコロッと切り替えはできるんですけどね、頑固者の私であっても。だけど、家の中で揉めたりすると、リョースケが何かアクションを起こしてくれない限り、ずっと私はイライラしてます。

**喧嘩したり揉める時ってだいたい余計なひとことがあるんですよね。**

それは負けたくないから。自分は間違ってないって、意地を張りたくなるし、余計なひとことを言ってしまう。

38

# 付き合う人次第で自分も変われる

余計なひとことは喧嘩の火種になるってことは、みなさん、私に言われずとも百も承知かもしれません。

が、グッと堪えることって、どんな人に対してもできるかっていうと、そうでもないことも、おわかりいただけるんじゃないでしょうか。

**昔、付き合ってた人に対しては、私、壁殴ってましたもん。**

喧嘩すればギャーギャーわめくし、大喧嘩になって家出したこともしょっちゅう。はっきり言って、荒れてました。すぐ家出する派やったんで……。

ひとりの時間を作って解決したくて、その場を離れるんです。話し合いをしてる最中に飛び出すから、それはやめろって相手からは言われてたんですけどね。

実は、カッと頭に血がのぼるタイプなんやと思います。

家出先は自転車でお気に入りのカフェだったり、バーだったり、昼間からお酒を飲んだり、バイト先のホルモン鍋屋さんに逃げたり。**そう、「逃げてた」んですね、私。正面から人と向き合ってこなかった。**

リョースケとはそういうことがないので、相性がいいっていうか、どっちにとってもかけがえのない相手なんだと思うんです。

**付き合う人が変わると、自分もこんなに穏やかになるんや、自分も変われるんやって私自身が驚いてる。**

元々、職場なんかでは我慢できるんですよ。アパレルの販売員だったからお客さん商売だし、理不尽なことがあってもグッと堪えることはできていた。仕事になると、自分を出さないように言葉を飲み込むことができるんです。トラブルになると面倒やし、謝ったほうが一番いいって思ってた。自分は悪くないけど、謝っとこうみたいな。

それが家族に対してだと、なぜかできひん。甘えてるんかな。**でも、家族だからこそ甘えっぱなしはいけないから、気をつけたいと思ってます。**

# 39

# 「ごちそうさま」と「いつもありがとう」はマスト

リョースケのいいところはたくさんあるけれど、そのうちのひとつが「ごちそうさま」と「ありがとう」をいつも言ってくれるところです。

**たったそれだけだけど、私の心が救われるんです。こちらこそありがとう。**

日々、私がやってる主婦業を尊敬してくれていて、なんかもう「Ｋｅｉちゃん、これめっちゃおいしい！　最高！　天才！」とか、「ホント、よくこんなの作れるよな！」とか、「毎日3食作るって大変よな！」とか、とにかく言葉で感謝を表してくれるんです。大げさなくらいに。

家事って掃除、洗濯、料理のほかに、「名もなき家事」ってものもたくさんあって、地味に時間をとられる割には、息をするくらいに当たり前の作業扱いされるものもある。

だからこそ、いちいち感謝やねぎらいの言葉をかけてくれるのはうれしいし、報われた感、達成感があります。

「いただきます」でもなければ「おいしい」でもなく、「ごちそうさま」も「ありがとう」も言わない無言の夫がムカつく……みたいなこと、たまに聞くじゃないですか。何か言って、みたいな。

もし、言ってない人がいたら、今日から必ず言うべきです。今は主夫だっているから、性別関係なく、やってもらったら「ありがとう」ですよ。絶対。

**リョースケはホント、人の気持ちを汲《く》んで、しかも気分よく盛り上げる天才やなって思うんです。**

ダイニングに座ったらごはんが出てくるのは当たり前じゃないし、家に帰って部屋がきれいなのも、モノが落ちてない片付いた家に住めるのも誰かが整えているからだし、それはお互いに感謝して、気持ちを表すって大事。

だから、私も出会う人全てにあいさつだけは忘れないようにと心がけています。

## 40

# 喧嘩した時に、先に謝って歩み寄ってくれる人を大切に

私は結構……というか、だいぶ頑固で、言い合いしても、そうそうすぐに切り替えられるタイプではないのです。ずっとムスッとしちゃう人間なんですけど、リョースケはそれすらも笑わせて元通りにできるんです。

私が謝ろうとしないんで、たいていリョースケのほうから歩み寄ってくれます。リョースケが悪くなかったら別に謝らなくたっていいじゃないですか。**だけど、絶対に私が折れないから、リョースケはうやむやにしてくれる。それがどんなにありがたいことか。**

どっちが悪いという喧嘩じゃなくて、ずっと平行線になっちゃうからこそ、この険悪な雰囲気を打ち消してくれるんです。

今年の夏に沖縄最大級の花火大会があったんですけど、近所やし、観に行こかってこと

になって。その日だけはもう、道路が混むんです。いつも30分かかるところが90分はかかるイメージ。よりによって、私、その日にヘアサロンの予約を入れちゃっていて、帰宅がちょっと遅れたんですよ。

やっと家に着いたものの、私は悪くないっていう態度でいたら、リョースケが「なんでまず〝ごめん〟じゃないの？」と言うんです。別に待ち合わせとかしてないし、私も頑張って必死に帰ってきたんやからいいやんっていうのが自分の言い方でした。

リョースケは「そもそもなんでその道で行ったん？　普通、こういうルートで行ったほうがいいってわかるやん」ってカチンとすることを言うんですよ。

もうイライラして、「頑張って帰ってきたんだし、ベストを尽くしたんだから」と、私はブスッとするだけで謝りもしなかったんですよ。

ひとこと私が「ごめん」って言えばよかったんですけどね。この時もリョースケから喧嘩を終わらせてくれました。

でも、大切な人にはちゃんと謝れるようになりたいので、今後改善していきたいです……。

## 41 自分の感情をその場で爆発させないこと

リョースケは、「あいさつは全ての基本だ！」的な漢《オトコ》だから、私が謝れないことにイラつくこともよくあると思います。

今回のことで言えば、私にしてみたら、別にきっちり待ち合わせはしてへんし、なんとなく何時ぐらいにお祭りに行こうか〜みたいな感じだったし、途中途中で連絡はとってたしと思ってましたが（笑）。

今思えば、お祭りに行くっていう前提があったわけだから、私がごめんって言ってもよかったですね。遅いけど。

その時は全く悪いと思ってないので、逆に被害者ぶってしまって「こういうことあるじゃん」と言い訳し始め、また揉めましたね。空気は最悪。リョースケ、かなり楽しみにしてたので、悪いことをしました。

その後、どうやって収束させたのか覚えてないんやけど、久しぶりにちょっと長い喧嘩になりました。

**私も折れたくなくて、より一層頑固になってきたってのはある。**

本当に悪いと思ってないから、謝りたくない。この頑固なややこしい性格もあいまって。でも、リョースケは、「本当にこの時間無駄やから早く行こう」と、何とか無理やり空気を変えてくれました。歩きながらも揉めてたけど、途中でビールを買って、なんとなく時間が経っていつも通りに戻りました。

**行く道すがらのビール飲むまでの間で解決した。**

でも、それって私たちにとっては長いことなんですよ。初めてかな、こんなに長い喧嘩って。……っていっても１時間くらいですけど。

すぐ謝れるのが理想ですが、こうやって話しながら自然に解決していくのも私たちらしいなって思います。

本音を言うと、私はお祭りなんか行く気分じゃなくて、昔みたいに「ひとりになりたい」って逃げちゃおうかとも思いました。

でも、リョースケはその時間も無駄やし、早く解決したい派なんで無理やり収めたというか。その懐の深さがすごいと思うんです。

**今回の件で、感情の向くままに発言しないことと、相手の意見も受け入れて、自分が正しいと思いすぎないことを学びました。**

最近は「これを言ったら相手が爆発するな」っていうリミットがなんとなくわかってきて、それをお互いに言わないようにしています。それが喧嘩しないコツなんかなって思うんですけど、でもその匙加減は難しいし、今でもうまくできないことも多いです。だいたい考える前に言っちゃいますもんね。でも長い喧嘩になるのは心身ともに疲れるので、言いたいことは言って、ただし感情に任せた余計なひとことは言わないようにする。一度発した言葉は消えませんからね。何気なく言われたひとことでも、何十年も覚えてることってありますしね。

# 42 信頼と尊敬ができる相手に出会えたという奇跡に感謝する

出会った頃は借金もあって、家もなかったリョースケ。最初、生活費は私が出していました。彼がごはんを作って私は会社に行ってという日々は、全く苦でもなければ不安もなかったです。リョースケを心から信頼できたのは、ことあるごとに彼の誠実さが感じられて、何とかなるって思えたから。

**彼にがっかりさせられたことは今まで一度もないんです。**裏表がない人で、常に必死に生きて、楽しんで、人の悪口を言うのも嫌いな人。

コロナ禍になって、世の中が激変した時も、「全然大丈夫やな。この人とおれば何とかなるなー」って思ってました。

この人と一緒にいれば何が起こっても大丈夫という絶対的信頼。

**そんな人と出会えて本当によかった。そんな人、なかなかおらんと思うから。**

リョースケに対して「この人には絶対かなわない」って、私は常に思ってるかもしれないです。同じくらいのレベルの人だと何か言ってやりたいとか対抗心が湧くんですが、尊敬してたり、この人すごいなとか、要所要所で折れたり譲ってくれるところとか器の違いを見せつけられるから、もう負けを認めざるを得ない（笑）。

向こうは無駄な時間を過ごしたくないから、自分が悪くなくても先に歩み寄って喧嘩を終わらせる。合理的なんですよね。すぐに普通の態度に戻るから私も普通の態度に合わせようとして、結局は仲良くなってるみたいな。

リョースケのパワーとか行動力も、私にはない部分で尊敬してます。自分ではできないからこそ憧れているんですかね。

彼は外国で炊き出しをしつつスラム街を自分の目で見て、世界のリアルとか日本のよさとかを伝えているところも、出会った当初に「この人の生き方がすごい！」って感動して。**大事なことは上っ面じゃなくて中身と経験と意識が大事っていうのは、ずっと私が考えていることであり、彼の生きざまそのものなんです。**

リョースケが近くにいてくれてありがたいです。日々、穏やかに暮らしていられるのも、

ピカチュウのモデルになった、「世界一幸せな動物」といわれるクオッカと♡　オーストラリア・ロットネストアイランドにて。

彼のおかげだと思うし。

私、結構気が短いし、わがままやし。もし自分と同じ性格の人だったら、ずっと言い争いが続いてると思います。

思うに、何のかんの言っても、リョースケは私のことを好きでいてくれてるから、全てを許してくれているのかもしれません。結局そこが根底にある気がするんです。のろけのようになってしまいましたけど。

## 43

# 将来の不安があってもポジティブに変換する

コロナ禍でも相変わらず7畳の家で同棲してたんですけど、街の店が開いてない、仕事もない、することがないってなった時でも、彼は家でとっても楽しそうにしてるんですよ。逆に「毎日Ｋｅｉちゃんと一緒におれるからラッキー！　今日何する？　ねえ、何する？」って超ポジティブ。

なんでみんな心配してんのに、こんなハッピーで笑ってられるんやろうって不思議だったんですが、この時に、**この人を支えていこうって思いました。**

コロナ禍はいつまで続くかわからなかったし、こんなに長く続くと思ってなかったんで、ちょっと不安やったんですけど、「なるようになる」っていう考え方なので、本当に「何があってもリョースケと一緒におれば大丈夫やな」って思わせてくれましたね。

今まで経験したことのないトラブルや災害が起きた時に、やっぱりその人その人の考え

7畳のワンルームで生活してた頃。コロナ禍でもなんの不安もなかった。

方が浮き彫りになりますよね。
コロナ禍では大変だったけど、「この人についていこう」って思えたのは、すごくいい気づきとか再認識できたことが大きかったなって思います。

出会った時、家もなくてお金もなく、ないない尽くしだったんですよ。それでも私はわかってるんです。
少々のことで、この人折れへんからって。裸一貫、むしろマイナスなのに楽しくニコニコ生きてる生命力に感動しました。

ホント、リョースケはすごい。

## 44

# 相手のペースを尊重する。それがなかなか難しい

私から見たリョースケのイヤなところ？　もちろんありますよ。彼は、全てにおいてやることが早いんですよ。要領よく何でもこなしちゃう。私はマイペースなんで時間がかかったりするんですけど、それを自分に合わせてってていう空気とかイヤですね。

リョースケは、瞬発的にポンポンすぐアイデアが出てきて、これやってあれやって……と、要領がいいんですよ。テキパキと当たり前に効率よく進めていくから、スピード感が違うのがたまに厄介です……。

目的地まで、彼は必ず「いかに効率よく、早く着くか」を考えて向かうんですけど、私は「のんびり行って時間までに着けばいいや〜」っていう感じ。私はセカセカ行きたくないんですけど、それでちょっと言い争うことはありますね。

その上、私は方向音痴。とりあえず着けばいいやんっていう考えなんですけど、リョースケは「ちゃんと調べればもっと早い方法がある」と考えるタイプ。それで揉めたりはするんですけど、**私も最近やっと「はいはい」って流せるようになりました。**

リョースケは単なる普通の意見として言ってくるだけなんですけど、私は地味にイラついてしまいます。時々、彼とのペースの違いは感じることがあります。

**ペースって、もう本当に人それぞれですからね。そこは尊重しないと。**

きょうだいとか知人とか会社の同僚とかだったら別々に行動したり、現地集合にしたりすればいいって話になるかもしれませんが、夫婦ってそういうわけにいかないからお互い譲り合ったり、折り合いをつけなくてはなりません。

**価値観とか優先順位の違いですよね。きっと。**

ずっと生活してると行動が読めてきたっていうのは、きっと相手のペース配分に慣れてきたっていうのが大きいかも。きっとこうするからこう来てきっとこうなるなってカラダに沁《し》みついてきたんだと思います。

**探しものですら、相手が何を探してるのかわかるようになりました。**

こう言ったら良くないだろうなっていう勘どころというか、相手は何がしたくて、何が嫌いで、どこまでは言っておく、どこから先は言っちゃダメっていうのも、なんとなく経験を積み重ねてわかってきたっていう感じです。「これ私がここで折れたら普通になるやろう」とか切り替えられるようになってきました。

夫婦のカタチが進化してきたんやと思うんです。

# 45 パートナーと夢や人生のビジョンを話し合う

私たちがいつも一緒に前を向いていられるのは、夢や人生のビジョンが限りなく似ているからやと思います。将来こういうことやりたいよねってことが同じなんです。

世界各国に拠点を作ってそこで暮らしていきたいとか、40歳までこういうことやりたいとか、飲食店経営とか、だいたい同じほうを向いてます。同性でも異性でも、いや、年齢すら関係なしに、そういう人に出会えること自体がラッキーですごいことですよね。

なぜ私とリョースケがこんなに同じ方向を向けるのか。

私は仕事で成功したいとか、お金持ちになりたいとかは全くない。ただ、リョースケは経営者なんで、カフェなり、ＹｏｕＴｕｂｅ以外の仕事を確立しようとしています。このプラットフォームがいつ終わるかわからないので、ＹｏｕＴｕｂｅの再生回数を追いかけることはもうやめる。

再生回数だけに頼り続けるのは本当にストレスやし、心身に良くないっていう思いからです。

だから今、拠点を沖縄にして、カフェを作って、これからの数年でちゃんと軌道に乗せてって計画しています。

海外旅行が心から好きだから、アメリカ、オーストラリア、スペインなど他で拠点を作りつつ、グローバルに子育てもしてっていう考え。リョースケはどんどんアイデアが湧いてくるんですよ。

夫婦やパートナーと、将来のこと話し合ってますか？　ビジョンは、共有できるのが理想的ですね。

アメリカのアンテロープキャニオン。目の前の美しいものを一緒に共有できる幸せ。

## 46 一度掲げたビジョンはことあるごとに口に出す

自分だけの目標でもいいし、ふたりで決めたビジョンは文字に書いて目につくところに貼っておくとか手帳に挟むとか、口に出してみるのがポイントです。そのほうが実現しやすくなる気がするんです。

リョースケはたくさんアイデアが湧き出てくるから、**私はそれに「すごくいいね!」と賛同するだけ。ついていくだけです。**

私も、沖縄でカフェを開いて成功させたいっていう計画や考えに賛成なので、できるだけリョースケを支えていきたいんです。

リョースケに対して尊敬しているところはたくさんあります。やっぱり夫婦は絶対にお互いの尊敬と尊重がないとダメ。自分にない部分をたくさん持ってる人に対しての敬意を払う。それに気づけることも大事やと。

リョースケとともに生きるにあたって、その中で足りない部分を私が補って生きてるっていう感じはあります。私ができるのはどの分野なのか、支えるにはどうしたらいいのかとかっていうのを確認しながら、いつのまにかふたりの夢になっています。

仕事が一緒っていうこともあるけど、「将来こういうことしていこう」っていう目標は、しょっちゅう話します。家にしても、庭にはこういう芝生で広さはこのくらいで、こういうエクステリアで、内装はこんなんって。

**絶対にこういう家に住みたいっていうビジョンが明確なほうが実現する。**

そういう確信があるからこそ、具体的に話し合うことが多いかな。これからもどんどん夢とビジョンを増やしていきます。

LUXURY BAGS
DON'T BRING
TRUE HAPPINESS!!

# 第3章

# 「母になる」夢を
# 叶えるためにしたことの全て

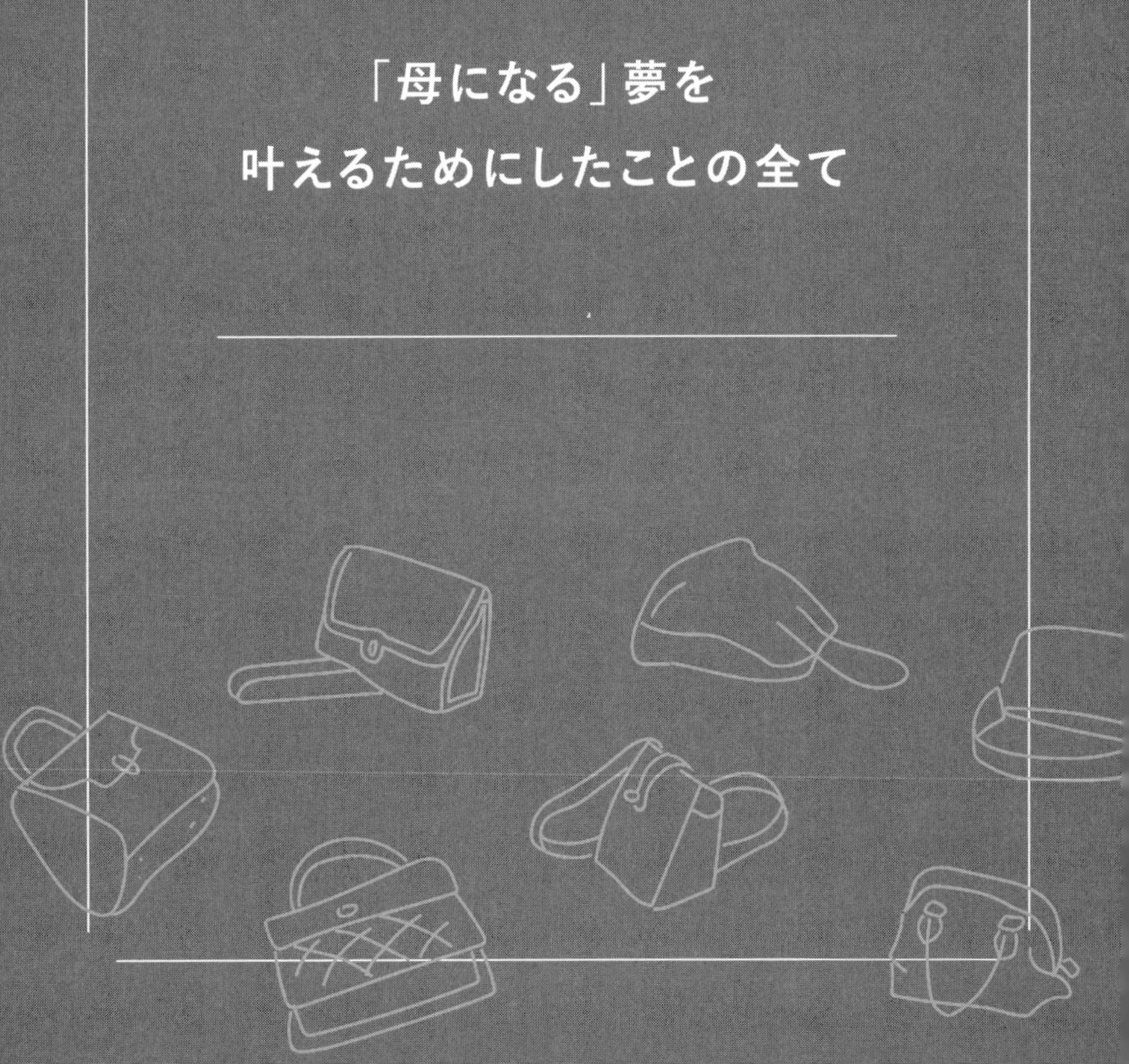

47

# 努力じゃ越えられない壁にブチ当たったら専門家を頼る

リョースケとの運命の出会いの後、すぐに同棲開始。7畳のワンルームでも喧嘩もせずにずっと仲良し。コロナ禍も乗り越え、2021年7月にカンクンでプロポーズ、10月に結婚。……とまあ、ここまでは超順調なふたりでした。

ふたりとも、子どもが大好きなので、「すぐにほしいね！」と言うものの、あれ？ あれあれ？ あれれれれ？ これがふたりの正直な感想でした。

そう、子どもができないんです。ちょっと、これはおかしいんじゃないか？ まさかの不妊？

リョースケも私も、健康優良児がそのまま大人になったかのような人間なのに。半年経った頃、ちょっと心配になって、クリニックで検査してもらうことにしました。血液検査に始まり、子宮卵管造影検査。これがまー痛かった！ いろいろな薬も飲むし。

その結果、片方の卵管が詰まってるかもってことで、卵管通水検査を受けて……。

**結果は、リョースケ、私共々、異常なし。**

リョースケに至っては、精子検査で超人並みの質だということが発覚。

正直戸惑いました。いっそ、「〇×に異常があります」というほうが、対処法がわかるんちゃう、と。

双方正常となると、まず試すのが「タイミング法」。そう、排卵日を基に、性交のタイミングを把握して挑むんです。

**自己流で妊活をしている人もいるかもしれませんが、医師の指導があったほうが断然成功率はアップします。**

自己流のタイミング法ではなく、クリニックできちんとしたタイミング法を実践する場合、生理の開始日から数えて10日前後をめどに通院して、超音波で卵胞のモニタリングをするんです。

排卵日を推定するためには、卵胞の大きさや頸管《けいかん》の状態までしっかりとチェックしないといけなくて、人によってはこの時にお薬を飲む人も。排卵誘発剤を使う人もいます。

いろいろ試しましたが、やっぱり妊娠しないんです。当時通っていた大阪の先生からは、私の抗体が強めなのかもしれないって言われました。

確かに、抗体とか免疫が強いから、あんまり風邪もひかないし、インドでごはん食べてもおなか壊さないし、思い当たることがたくさんあります。

とにかく、カラダがとっても丈夫で強い私。**おそらく、入ってきた精子を異物とみなしてしまう**っていうことみたいです。

「え〜」って感じですが、そういうのも実際にあり得るようです。

ちなみに、沖縄のクリニックに転院した時、その検査も正式にしてもらったんです。でも、抗体や免疫が強いから妊娠しないという可能性はありませんでした。

往復3時間のクリニック通いが始まり、毎回たくさんの薬をもらって帰り、毎日忘れず何種類も薬を飲み、ひとりで自己注射をする日々……。何度心が折れそうになったか。

# 48 1％でも妊娠の望みがあるなら諦めない

子どもは自然にすぐできると思ってたんで、こんなはずじゃなかったという気持ちがあふれて、メンタルの浮き沈みをコントロールすることに苦しみました。

生理がきては、また振り出しに戻り落ち込む……その繰り返し……。


一番の夢がお母さんになることだった私。昔から病院の新生児室に行って赤ちゃんを見るのが好きだったんですよね。

誰かのお見舞いとか、自分が何かで医者にかかったとか、家族の付き添いとかで病院に行った時、「新生児室に連れてって」と頼んでたことも。

当時から、なんでかわからないんですけど、母性が強い。……って、ジブン、小学生なのに。弟をめっちゃ可愛がってて、長女気質がものすごく強いんですよね。

面倒見たがり、お世話したがりなんで、**子どもの頃から早く自分の分身をお世話したいって思ってたくらい。**

妊娠できずに、落ち込む日々……。

当時から、テレビの大家族スペシャル番組を観るのが好きでした。小学生の時は、自分は10人ぐらい子どもがほしいと思ってましたもん。

そんな夢が、結婚したことによってすぐに叶うと思いきや……。最大級に想像が膨らんでいただけに、夫婦共々、「なんで？　どうしてできないの？」って気持ちでいっぱいで。とはいえ、この現実を受け入れないといけません。

長く辛い不妊治療が始まりました。

2022年4月、34歳でのことでした。

# 49 検索魔になっていいことなんてない

現代人あるあるだと思うんですが、私はとにかく何でもネットで調べてしまうんです。医療は情報戦だし。

だからネットを使うことは全然間違いじゃないし、確かに便利です。最初はものすごく「検索魔」になっちゃって、ＹｏｕＴｕｂｅで不妊治療してる人が発信している動画とかブログ記事とか「他の人はどうなんだろう」ってやっぱり気になってめちゃくちゃ調べていました。

おなかがチクチクしたり、ちょっとした症状があると、すぐ検索して「もしかしたら！」「やっぱ違う……」の繰り返しで、もう疲れちゃって。途中から検索しまくるのは一切やめましたね。

検索するのは、安心のためにネットサーフィンするんだろうけど、逆に心配が大きくなってしまうような記事にぶち当たることもあり、そのたびに落ち込んだり、メンタルの保ち方が難しいんです。

期待が大きすぎる分、気持ちのメーターが上がっては下がるの繰り返し。しかも治療は千差万別なわけで、正解がないじゃないですか。

そもそも、クリニックの先生に質問してもはっきりしないことや原因不明なことって不妊治療にはいっぱいあって、治療の過程ってそういうことがたくさんあるんだなって感じたんですけど、**やっぱり出口が見えないからこそ苦しいんですよね。**

サプリを摂るといいとか、これを食べるといい、みたいな記事を読んだりすると、買い込んでは頑張るんだけど、生理が来るたびにズドーンと落ち込む。そのサプリ、捨てちゃったり（極端な性格！）。

検索で一喜一憂してしまうのは、もう仕方ないこと。だけど、その情報をそのまんま受け取らなくていいんです。そういうこともある、くらいに構えて。

# 50
# 「不妊治療」はプロセスを大事に

不妊治療は、最近はいろんなＹｏｕＴｕｂｅｒさんも告白している身近なトピック。私は、その場その場で「今、やってきました」とか、かかったお金のことだったりとか、リアルな感じを伝えたかったし、過程を残したくて始めました。

最初の頃は不妊治療を公表するつもりはありませんでした。ちょっとだけ気にかかったのは、私のこういう動画を観たら、両親が心配するかなってことでした。でも、**不妊のことは知れば知るほど、こんなに悩んでる人がいるんだと実感することが多くて、何かを発信したい**と思い始めたんです。

それと、不妊症に関してのＹｏｕＴｕｂｅ動画はネガティブな発信や、結果だけを発表するものだったりと気分が少し重くなるものが多い印象でした。

それもアリやと思うんですけど、過程を共有したり、リアルな気持ちをありのままシェアする動画があってもいいんじゃないかっていうのが率直な私の気持ちでした。

# 51

# 覚悟を決めて「お金面」や「感情面」も全てさらしてみる

不妊治療は、私たちはもちろん、何なら先生たちも正解がわからないこともあるから難しい。

だからこそ、私は、こういう考え方で進んでいきますとか、こういう選択肢があってこっちをチョイスしましたとか、今回はダメだったけど、次回はこういうことに気をつけて臨もうとか。そういう前向きな動画を公開したいなって思いました。

全部顔出しもして、お金の面も全部さらけ出して、「ひとりじゃないよ。私も一緒に頑張ってるよ」ってね。

「私はこういう考えで進めてます」っていうものであって、万人に合うわけじゃないし、「これは私の場合だけど、こういうケースもあるんだよ」「こういう考え方もあるよ」っていうのを、同じ世代で頑張っている同志たちに発信したかったってのが大きいんですよね。

どうしても悩みすぎて悶々としちゃうし、悪いほうへ悪いほうへ考えちゃったりするし、みんなが前向きになれたらいいなって。いろんな考えがあって当たり前やし。

**結果じゃなくて過程を重視してる**っていうのもありましたね。ステップというか、段階を踏んで挑戦しているのって、私自身、本当に勇気づけられるんですよね。

いつもの視聴者さんも、「不妊」のキーワードから飛んできて偶然動画を観てくれている人も、一緒になって「私だけじゃない」って思いながらみんなで夢を叶えるってことはとっても尊いことだし、意味のあることなのかなって思います。

## 52

# どうせやるならみんなの参考になる「記録」として残す

自分はYouTuberとして何ができるのか。

そう考えた時に、「いい加減なものではなく、ちゃんとした記録として残すこと」でした。

そして、いつか子どもに恵まれたら「お父さんとお母さんはあんたたちのことこんなに待ってたんだよ」と、見せたいっていうのもありました。

長年あなたを待って、やっときてくれたよっていう証として見せてあげたいし、動画に残すってすごい意義があることだと思います。

「**3年って長い期間やったけど、必要な時間だったんやな**」と今では考えられるようになりました。

フォロワーさんからのコメントにも、とても励まされました。あったかいコメントのひとつひとつに、みんなが応援してくれてるって、何度泣きそうになったことか。ジーンときました。

ポップアップイベントでフォロワーさんから「どこにもはけ口がなくて表現できなかった思いを、Ｋｅｉさんが言葉に出してくれる」って泣きながら伝えてくれる人もいて、「うんうん。わかる。よくわかるよ」って共感することもたくさんあります。

不妊で悩んでいる人は、カミングアウトしていない人も多いから、かなりの数にのぼります。今は本当に多いから、ちっとも恥ずかしいことじゃないし、病気でもないし、みんな仲間意識が芽生えているのもうれしかったです。

悩んでる同志たちの応援や、先輩方からのアドバイスとか、かなり元気づけられましたね。

やっぱり同志の絆って強い。

# 53

# 不妊治療のクリニックの特長をしっかり把握して選ぶ

最初に行ったクリニックは大阪の自宅から近い、電車で数駅の通いやすいところを選びました。でも、**診察は流れ作業で、待合室でもみんな目を合わせないように下を向いてコソコソと暗い感じ**だったんです。

その雰囲気がちょっと苦手でしたが、都会のクリニックやし、みんな忙しい中通院してるし……とあまり気にしませんでした。

ただ、あまりに混んでいて、しかも流れ作業的な感じで温かみは感じなかったけど、比較するものがないからこんなもんかという印象でした。

「この疑問、先生の意見を聞きたいな」と思っても、患者数が多すぎて、たくさん時間をとっては悪いなという気持ちになってしまい、質問できないことが何度もありました。「都会のクリニックは仕方ない」って思いつつ、残念な気持ちになったものです。

# 54 第三者のアドバイスを取り入れることも大事

その後、沖縄に移住することになり、どのクリニックに行こうかなと迷っていた矢先、フォロワーさんの何人かから、推薦されたクリニックがあったんです。

早速、公式サイトを見てみたところ、直感的に「行ってみたい！」と思いました。でも、家からは片道90分、往復３時間かかります。うーん。

迷いましたが、「まあ、一度行ってみて決めたらええか」と、予約をとって訪れてみたんです。

雰囲気がもう、最高でした。

**「え？　ここはリゾートホテルですか？　それともレストランですか？」ってくらい、病院感がゼロ！　まるで海外のスパのようです。**

建物が素敵ってだけじゃないんです。ここは先生もスタッフも、みんなとてもアットホームで温かい。時間がゆっくり流れています。

いるだけでほっこりリラックスできるし、診療方針も明確で、納得できるまで質問してもいい雰囲気です。苗字ではなく「Ｋｅｉさん」って下の名前で呼んでくれて、ビジネスライクじゃないところにもほっこりしました。

移植や検査の前に飲む薬と一緒にくれる紙コップに「うまくいきますように」って書いてくれたり。その細やかな想いやりに涙が出ました。

病室からは、きれいに剪定された沖縄の植物が見えます。アルミサッシではなく、美しい木枠です。辛く痛い処置中でも、とても安らげました。

どっちがいいという話でもないんです。

ただ、こんなにリラックスできるクリニックなら、心身ともにいい影響がありそう……。

そんな予感はありました。第三者のアドバイスを聞いて、本当によかったと思えましたね。

# 55
# 高額出費も多いけど、助成金や保険も活用して

不妊治療の大変なところは経済的負担。自然妊娠ならかからないお金がドドーンとのしかかってきます。

ああ、なんて不公平なんや！

でも、高額療養費制度を活用したり、加入している医療保険、自治体の助成金を申請しました。

**私の場合、これまで支払った不妊治療の医療費は約68万円でしたが、約半分も返ってきたんです！**

1回の手術で2万5千円が支払われる医療保険に入っていたので、かなり助かりました。

その「手術」なんですが、「採卵・胚移植・人工授精・体外受精」も含まれるので保険がおります。

でも、そういう不妊治療もカバーしてくれるものは「保険加入から2年は免責」なんて場合がほとんどなので、将来子どもをもちたい人は、**もしもの時のために、今加入している保険を見直しておくといいですよ。不妊治療前に加入しておけば万全**です。

各種助成金は住んでいる地域によっても違うので、調べてすぐに申請したほうがいいですよ。ネットで検索してもいいけど、並行して市役所や区役所の窓口に直接聞きに行ってもいいかもしれないです。

そのほうが、より確実な情報を得られるかもしれません。

費用の問題は知ってるのと知らないのとでは大違い。

情報を手に入れた人が得をして、知らなかったばっかりに損をしてしまうことがないように！

私たち、せっかく税金を納めているのだから、助成金はしっかり活用しましょう。

助成金の存在そのものを知らない場合もあるけど、知っていても手続きが面倒っていう人も結構いるんじゃないでしょうか。ちりも積もればじゃないけど、申請しておいたほうが絶対にいいと思いますよ。

かかる治療費はケースバイケースで千差万別だけど、1回で4〜5万円が飛んでいくこともしょっちゅうです。**先進医療は保険が利かないので1日で12万円もかかって冷や汗をかいたこともあります……。**

採卵と胚移植が高いんですよ。検診だったら3千〜4千円なのですが、スクラッチといって移植前に子宮の中を少し傷つけて着床しやすくする治療も試しましたが、それが1万円くらい。クリニックによって違いもありますが、ご参考までに。

# 56

# 不妊治療はひとりで頑張るものじゃない

リョースケとはすごくコミュニケーションをとっていて、今日あったこととか、次はこういう治療に進むとかよく話していました。

こういうのをウザがる男性が多いと聞くけど、リョースケはとても協力的でありがたかったですね。

夫が不妊治療に関心を持ってくれないケースはたくさんあるみたいだから、リョースケにはホンマ感謝です。

デリケートな問題だし、ざっくばらんに言いづらい部分もたくさんあると思うんですけど、たくさんの薬を飲むのも、カラダが痛い思いをするのも、時間がない中でクリニックに通うのも大部分は女性です。

**夫婦どちらか一方じゃなくて一緒にやってるよという寄り添いは大事だと思うんです。**

私が全部ワーって話して、ちょっと大げさに痛かったとか言ってみたり、こんな薬飲んでて大変だよってボヤいてみたりしたけど、ウザがらずに聞いてくれるのは、気持ちが救われました。

私は気分に任せて結構ガンガン言うほうなんで、そういうわがままを受け止めてくれるところが本当に助かりました。

元々、リョースケはいろいろなことへの興味がすごいから、「それってどういう意味があるの？」「次は何するの？」「結果はいつわかるの？」とか、治療内容にものすごく関心を持って聞いてくれます。

リョースケは、自分のこととしてちゃんとコミットしてくれてるというか、ふたりで一緒にやってくれている感を大事にしているところがあります。

治療を女性に任せっきりの人って意外に多いと聞きます。それでまたひとつ悩みが増えるなんてしんどいはず。不妊治療は長引く可能性もあります。長い期間、夫婦でしっかり治療をやっていけるかどうかも考えてスタートできるといいですね。

## 57

# 家族が不妊治療に非協力的だった時にするべきこと

たまにフォロワーさんから、夫が協力してくれないとか、いつまでも他人事とか、寄り添ってくれないとか、「そういう場合になんて言ったらいいかアドバイスください」って相談を受けます。

妻から夫にもっとあれしてこれしてよ、興味持ってよ、と言ってもまた新たな喧嘩が生まれると思うんですけど、**なぜ子どもがほしいって思ったのか、その原点を忘れちゃってる気がするんです。**

それをもう一度確認するのって大事なことではないでしょうか。だってふたりの子どもなんだから。原点の部分を思い出させるような会話をするといいかもしれません。

そこをはっきりさせた上で、「頑張ってふたりで乗り越えていこうね」と誓い直す。乗り越えた後は夫婦の愛情も倍増、幸せも激増するって信じて！

確かに夫もバリバリ働いて大変。外回りとか職場のストレスやプレッシャーとか、どんな苦労してるかわからへんけど、例えば今日は何しに行って、今どういう薬を飲んでて、どういうスパンで、などのスケジュールを把握するだけでもしてほしいですよね。

夫からしても、かける言葉ってすごいデリケートで難しいと思うんですけど、頑張ってねって言うとなんか他人事っぽい感じだから、わかろうとするとか知ろうとしているのが伝わる質問でもうれしいんですよね、妻側は。

女性にとっては一緒に頑張ってるな、興味を持ってくれてるな、安心するって思うはずで、救われると思う。

興味がないっていうか、自分事じゃない夫に対してはやっぱりいくら言ってもダメな気がするので、どうして子どもがほしいのかを話し合って、原点に帰る……その共有だとか話し合いが、もしかしたら大事なのかなって感じました。

## 58

# 子どもがいる人生が絶対ではない。いない人生も考える

不妊って、どちらのせいでもないはずなのに、「自分のせいだから」「自分が悪いばっかりに相手に申し訳ない」って思ってる方もたくさんいると思うんです。

最近は男性が原因の不妊だって、思っているより多いと聞きますよね。

いずれにしても、どっちが悪いってのはないし、夫婦はニコイチ。ふたりでひとつ。運命共同体なんだから、両方の問題なんです！

私は、もしものこと、つまりふたりだけの人生も、ちょっとは頭の片隅に置いておくようにしていました。

だから、**何年間チャレンジしようとか何歳までやろうとか、目標を設定したり、子どものいない人生だったら何をしようかって、お互いに考えておくのも大事**です。

むしろ、「そっちのほうが楽しかったりして！」なんていう境地まで行きついて肩の荷が下りたら、なんとオメデタでしたっていう話、ホンマによく聞きますから。

私自身「もう疲れた」「やりきったから、もう十分。ふたりの人生を楽しもう！」って思う日まで、年齢的には40歳を超えてもやり続けるつもりはありました。

**子どもはいなくても、むしろ気軽に国内外問わず旅行できるのは楽しそうだし、子どもをもつことが正解とか、人生のゴールでもありません。**

いろんな形があっていいんじゃないかって。ワンちゃん飼ってみてもいいし、意外とふたりでもいいかも……って思えたのは、２０２３年１月のアメリカひとり旅がきっかけでした。ふっ切れたんです。

## 59

# モヤモヤをふっ切れたのは、やっぱり旅だった

「今回もダメやった」

がっかりとショックが入り交じった気持ちで、わんわん泣いてた2022年の大みそかから2023年の年明け。リョースケは1月にアメリカ横断ロードバイクの旅の企画が決まっていました。

私は「もしかしたら妊娠するかも」ということを考えて、留守番のつもりだったんです。

でもリョースケが、「いっそ気分転換にKeiちゃんも行っちゃえば？　アメリカ」と。

**アリかも。環境を変えるのが落ち込みから脱出するのには一番いい。**

それ、いいかも。家でメソメソしているより、確かにいい気分転換になるんちゃう？

そう思ったら速攻、フライトとレンタカーの手配を始めていました。

ずっとやってみたかったアメリカ女ひとりロードトリップ。リョースケはアメリカ横断ロードバイクの旅をするから、途中、何か所かで落ち合う感じにすれば楽しいかも。

動画撮影中に、ふとリョースケが言ってくれたんです。

「オレはＫｅｉちゃんと一緒ならどんな形でもいい。Ｋｅｉちゃん自身が何よりも大切。子どもに恵まれなかったらふたりで自由に旅し続けよう！」とまっすぐな目で言ってくれました。

リョースケのこの言葉に心の底から救われた気がします。すごくラクになりました。

そういう考えもあるんやというか、絶対じゃなくていいんだって。**抱えていたおっきな荷物を下ろしたように気持ちがグンと軽くなったんです。**

# 60 初めての挑戦が自分を強くする

アメリカの女ひとりロードトリップですが、まず海外での運転が初めてで、自分で決めたものの、憂鬱になるくらいの恐怖でした。

カーシェアリングサービスで何とか借りた20万キロオーバーのおんぼろプリウス。ＬＡからスタートし、当初はラスベガスあたりで折り返すプランを立てました。

実際ロードトリップがスタートすると、クルマが古すぎて、途中いろいろな警告が出てしまい、修理屋さんを探しては寄ったり。プチハプニングも多々ありながらも、広大なアメリカに一瞬で魅了され、思い切って「まだ続けたい、延長しよう！」と帰りのフライトをキャンセルし、延長することにしました。

**やってみるまでは心配で自信がないことでも、やってみたら新しい自分を発見できた**という私にとってスペシャルな旅でした。ひとまわりもふたまわりも、確実に成長できました。

上：テキサス・ROUTE66アマリロにある「キャデラックランチ」。10台のキャデラックが地面にぶっ刺さってるアメリカらしい人気スポット。
下：ROUTE66を走っているとかなり気になる古い雑貨店を発見!!　ついつい引き返して寄り道。アリゾナ・キングマンにて。

## 61 先が見えない不妊治療だから情報は夫婦で共有

不妊治療を始めたのが2021年の3月。3年はホンマに長かった！　**メンタルはもちろんだけど、体力的にもかなり消耗しました。**

私は会社勤めしてるわけでもなく、タイムカードがあるわけでもないから、先生に「来週のこの日とこの日どうですか？」って言われても大丈夫だったわけです。でも、働いてる人は、そんなこと言われたって行けるわけないじゃないですか。

ホルモンの状況とか投薬の関係でこの日じゃないとダメってことが決まっちゃってるんですよね。それもまた、気持ちが追い込まれるひとつの理由だと思うんです。

生理が始まったらそこから起算して「この日はクリニック」って決まっちゃうから、動かせないし。自動的に手術日も決まっちゃって。そうすると全部ここでこれしなさいとか、あれしなさいとか。

しかも手術した後はしばらく安静にするとか、決まり事がめっちゃあって。自分の予定を全部すっ飛ばさないとならないし、それを何年間も続けるってことは、かなり生活が制限されるんです。だから、仕事をやめてしまう人も多いですよね。

自分で注射打ったりとか、薬を忘れずに飲まないととか。結構な数の飲み薬が処方されるから、飲み忘れないようにするだけでも大変です。

それができないとちゃんとした検査ができないから、出かける時もちゃんと用意してって、地味にストレスでした。

**私はタイムツリーっていうアプリに、お互いのスケジュールを共有しています。**診察スケジュールとか治療の進捗を夫に知ってもらうにも便利だと思うんです。

妊娠って本当に奇跡と偶然の集合体で、いろんなタイミングがうまく重なってたまたまできるんですよ。

こんなに望んでるのに、こんなにお金出してるのに、今の医療でもなかなか叶えられない人がたくさんいます。私たちふたりとも超健康優良夫婦だって、こんなはずじゃなかったって思うくらいだし。望めばすぐできるはずだったんですけどね。

62

# 大事なのは「自分を褒めまくる」こと

大人になって褒められることって、そんなにないと思うんです。

**だから、「ちょっとでも自分のいいところを見つけて、徹底的に褒めてあげよう」と決めていました。**

私のごほうびはモスバーガーでした。治療が終わったら、好きなものを食べていいって決めて、帰り道、ドライブスルーに寄るのが本当に楽しみでした。

私が通っていた沖縄のクリニックは、基本的に男子禁制でした。だから、ウチに限らず、夫たちは駐車場のクルマの中で寝てたりスマホを見てたりして待っているのがいつもの光景。

帰り道に話すこともあるだろうけど、気分によってはそんなに話したくないこともあるでしょう。

夫が待合室で待っていて、その都度「今から採卵だって」「今採血してきた」なんて報告するわけじゃないから、どういう検査があってどう痛くてっていうのも、伝わらないことが多いんじゃないでしょうか。

**大変さは自分にしかわからないから、だったら自分を「いちいち」褒めてあげることにしました。**

お酒も珈琲も同じ。飲みすぎはダメだけど、先生も「毎日1杯くらいだったら大丈夫ですよ。ストレス溜めないことが一番大事」って言ってました。

脳って、自分が褒めても、他人から褒められても同じように「褒められた!」って認識するって聞いたことがあります。誰から褒められているっていうんじゃなくて、単に「褒められてるっていう事実」が大事らしいって。

だから自分で自分を褒めるって、理にかなってるのかもしれません。

**「頑張りすぎてる私、お疲れ様」とか「私、今日はよく頑張ったよね!」でいいんです。いちいち声に出して自分を甘やかしています。**

## 63

# 苦しいつわりさえも「待ってました！」の精神で

カフェのオープン、東京・大阪でのポップアップイベント、この本の執筆など相変わらずフル回転に忙しかったけど、不妊治療は頑張って継続していた2024年の夏。沖縄移住して、1年。私たち恒例のフライング検査。自宅で市販の妊娠検査薬を使ってみたところ……赤い線が出てる！

もう、うれしすぎて。ありがたすぎて、リョースケとふたりで泣いてしまいました。

でも、喜ぶのはまだ早い。ちゃんとクリニックで確認してからじゃないと、ぬか喜びってことだってあります。

4回目の体外受精。卵をふたつ入れているから「もしかしたら双子かも」ってことで喜び倍増。実はリョースケのバケットリストにも「双子の父になる」っていうのが入っているんです！　でも、もし違ったらがっかりするし、翌週にクリニックに行くまではドキドキ。

**そして、ついに双子を授かりました！**

フライング検査で赤い線が！　まさかの結果に大喜び。

沖縄に移住して1年。難航していたカフェもオープンまでもうすぐ。書籍も出る。もう、全てが回り始めた。最初からこのスケジュールだったのかもしれん。

暗黒の日々だったのに、目の前全てがキラキラ光って見える！

思うようにならなくても、目の前のやるべきことをしっかりやって、じっと待つ。回り始める時は必ずあるから。

私はつわりがかなり早めにきて、猛烈に苦しかったけれど、それも全然耐えられた。むしろこの苦しみを味わいたかった。「憧れの〝つわり〟」。どこまでポジティブなんや！

64

# 他人の「妊娠報告」苦しんでまで見ることはない

ニュースや情報番組での芸能人や著名人の妊娠報告。もう、心臓を突かれるようなあの気持ち。辛くて見れなかった。自分のメンタルが落ち込んでいる時だと「またか！」と心がギスギスしていました。ごめんなさい。

まず、その人が何歳なのか、ネットで検索してしまうんです。同い年とか自分より若い場合は「まあ、わかるよ。そうか」。でも、同世代だと、何歳で結婚して、今、妊娠ってことは……なんて勝手に計算したりして。

「私より後に結婚したのに、早いよね」なんて、競争じゃないのに心の中でイヤミを言っては、そんな心の狭い自分に勝手に傷ついたり。

SNSの記事のタイトルに「ご報告」ってあるじゃないですか。あの文字を見るとそっとスマホを閉じたりしてました。当時の自分は「全然いらん報告やのに」って悲しくて。

**しんどい時は、自分が傷つくものから距離をとる。**そう意識して過ごしてほしいです。

LUXURY BAGS
DON'T BRING
TRUE HAPPINESS!!

第4章

# 「心」と「体」を整える Keiのルーティーン

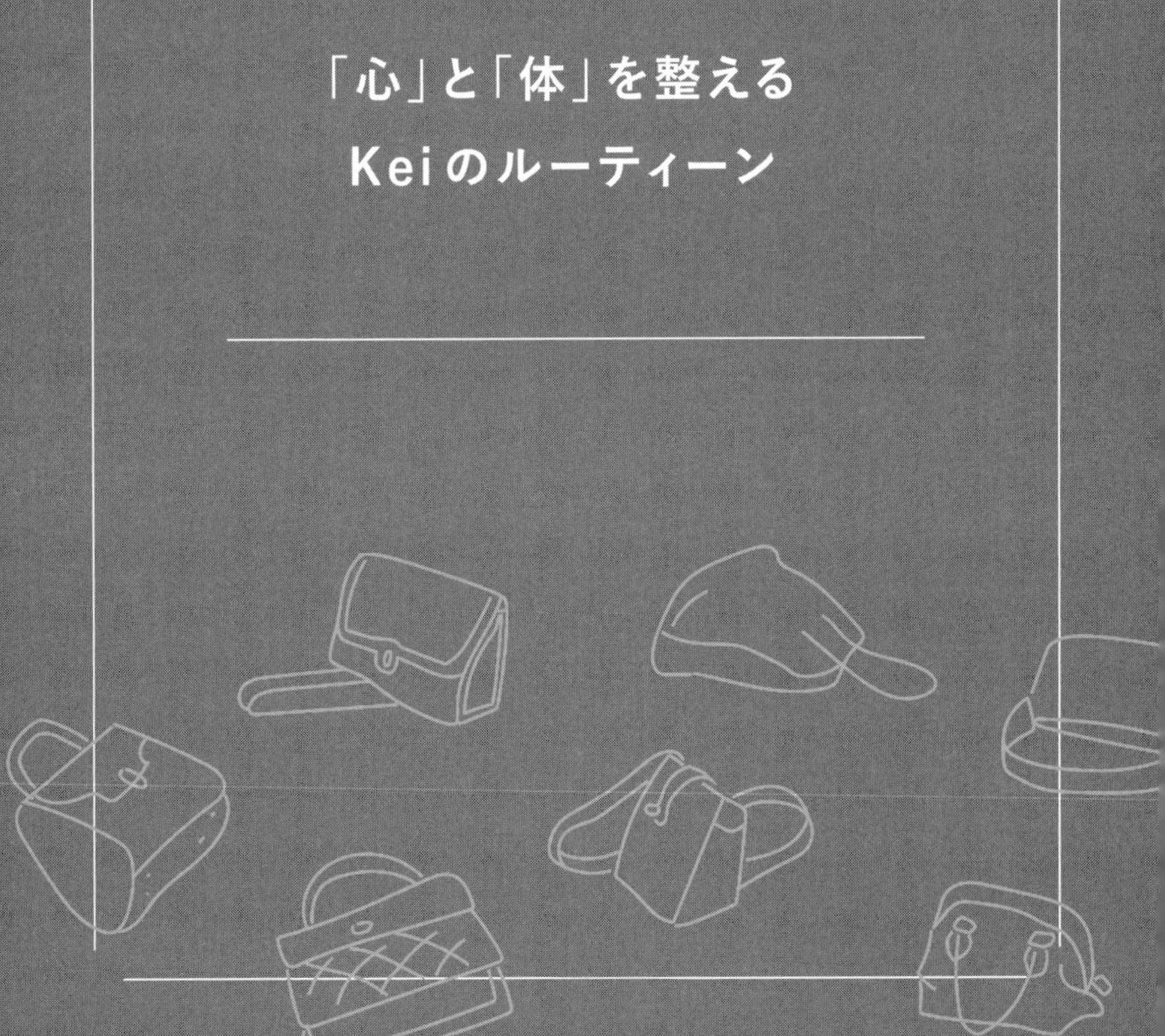

65

# 体型は数字じゃない。体重計には乗らない！

ちょっと油断するとすぐにお肉がついてしまうタイプの私ですが、身長170センチなので、体重はそこそこあるほうです。不妊治療をしていたこともあり、「あまり栄養が偏ってもアカン！」と、特に食事制限をしていませんでした。

**でも、体重計には敢えて乗らんようにしています。**

年齢にも同じことが言えますが、「数字」で見てしまうとそれにとらわれてしまうから。数字じゃなくて見た目が大事って思ってます。よく旅に出かけるし、過酷な旅程もよくある。体力勝負だから、食事制限しすぎて筋力が落ちてもいけません。

だから旅先では我慢はせずに土地のものを存分に食べます。しっかり太ってしまいますが、そこは気にしないようにしています。

その誤差は帰国してから調整するってことで、旅先では存分にその国のローカルフードを楽しみます。そうじゃなくちゃ、旅の意味がない！

# 66 基本の食事は低脂質・高たんぱく、毎日の自炊を心がける

ひとたび海外に出ると、ハンバーガーに揚げ物三昧とか、普段日本じゃ食べないものばっかりです。全てのプレートに山盛りのフレンチフライがもれなくついてくる、みたいな。体型も立派に太って帰ってくるから、帰国後はちょっと調整するけど、かなり適当です！

確かにいくらジャンクなものばっかり食べていても、日本に帰れば和食に戻るから、それで自然に戻ってくるっていう感じです。

**夜は山盛りサラダに、魚か肉をいっぱいっていう食生活をほぼ毎日してて、それは調整にかかわらず1年間通してのルーティーンですね。**

あとは豆とか卵とか、たんぱく質をたっぷりと。野菜は蒸したり炒めたりもするけど、だいたい生野菜のサラダです。生だと酵素も摂れますから。おなかに溜まるサラダというイメージです。

食べることが大好きなんで、炭水化物を摂らないとかグルテンフリーにするとか、そういうことは一切しません。全然、ストイックな人間じゃないんで。

# 67 最低週3のジムは欠かさない

普段はメリハリのある生活を心がけていて、ジムにも行くし、朝ヨガもやっています。**締めるところは締めて、旅では大解放する**……みたいなサイクルですね。

妊娠してからはお休みしていますが、家からクルマで30分のところにちょっとした街があって、そこにジムがあります。東京や大阪みたいに、いたるところにジムがあるわけではないので、少し遠いですがリョースケと一緒に通っています。

ジムに行くのにクルマで30分って、結構ハードル高いと思うかもしれないけど、その往復のドライブ含め、いい気分転換になっています。

リョースケは週6で通い、私は週3回のコース。一緒に行くけど、私がトレーニングしない日はその間に動画編集作業をしたりして待ってます。

週3回のトレーニングデーには、1時間カラダを動かします。腹筋とかマシンを使ってウォーキングしたり、体重を落としたいんで有酸素運動を30分くらい。体を動かすと気持ちいいし、リフレッシュにもなるので、再開できたらまた鍛えるつもりです。

# 68 モーニングヨガを取り入れると生活リズムが整う

朝の時間を有効に使うと1日のスケジュールがグッと整います。やらなくてはならないことが午前中でサクサク終わるし、小さな達成感も味わえる。**そのベースとなるのが、週3回、朝6時半から友人が講師をやってるオンラインヨガ。**始めてから3〜4か月ぐらいなんですけど、生活のリズムが作れるようになりました。

ヨガがある日はジムに行こうとか、朝早く起きることでゆっくり家事もできるし、いいルーティーンになっています。実はできるだけ家にいたいタイプなので、2日とか3日は家から一歩も出ないこともあるんですよ（笑）。

強いて言えば、掃除は大好きで、床の拭き掃除とか窓拭きなんかが地味にトレーニングの役割を担っているのかもしれません。床にモノがあるのが嫌いで、毎日掃除機をかけて拭き掃除もしています。

朝ヨガはだいたい15分くらい。これくらいが無理なく続けられる秘訣なのかも……と最近思っています。

69

# プチプラ化粧品でも良品揃い。お金をかけなくてもキレイは叶う

美容に関しても、そこまでお金をかけてないです。まつげパーマはノーメイクでもまつげが上向きなだけでいい感じになるので、欠かさないようにしているくらいでしょうか。昔、まつエクをしていた頃もあったけど、**今は自まつげ＋まつパ＋ラッシュアディクトという まつげ美容液を使い、自まつげで勝負です。**ラッシュアディクトは1万円くらいかな。めっちゃ伸びるしハリとコシも出ます。

沖縄に来てからのサロン系はどこに行っていいかわからなくて、ネットのクチコミで探しました。沖縄にはホットペッパービューティーに載らない店がいっぱいあるんです。完全な個人経営が多いからかも。そういう情報サイトに載せるのもお金がかかるから。グーグルマップで調べたら、家のすぐ近くにエステサロンを見つけたんです。経営者は子どもがいるママさんで、アットホームな店。松ヤニのパックが看板メニューのところ。ハチミツを濃くしたようなワックスを塗ってパリパリにして、ベリッと剝がしたら、冷

やして鎮静。毛穴とか産毛が全部なくなってくすみもとれる感じの施術なんです。

これがもう、つるんつるんになってやみつきに！　基本のフェイシャルのお手入れと肩周りのマッサージがついて１万円です。ここはたまに行きますね。

基礎化粧品はこだわりのものはなくて、「デパコス（デパートに出店しているハイブランドコスメ）とか全然わからへん！」ってくらい、無頓着ではありります。成分を見て買ったりもしません。

選ぶ基準はイマイチゆるいのですが、韓国によく行っていたので、その時に韓国コスメを調達していました。でも、選び方はテキトー。安いものでいいやって。パッと見て人気がありそうで安くて良さげなものを買います。

元々肌が丈夫ということもあるかもしれません。**大きなトラブルもなく、海外に行って食生活が変わっても荒れないんですよね。**

髪の毛も、海外のいろんな水でばしゃばしゃ洗ってきましたが、悩んだこともありません。旅行が多い身としては、肌や髪の毛が丈夫なのはありがたいです。

# 70

# どんな日だって日焼け止めだけは欠かさない

朝の美容ルーティンは、起きてまずごはんを作って食事。洗い物をしてからやっとスキンケアを始める感じですね。顔を洗って、化粧水やら塗って。今使っているのは、バリに行った時に買ったローカルの有名なコスメラインです。

洗顔料がほしくてお店に行った時に買ってきたものです。こだわりはないので、これがなくなったらまたどこかに行った時に目についたものを買うとか、近所のドラッグストアで買うかもしれない。もう、無頓着すぎて参考にならないですよね。

そんな私でも、ここ3～4年リピートして欠かさないものがあります。

**エスポアという韓国の日焼け止め兼トーンアップ下地です。**

とても気に入って、なくなったらネットで買っています。「使っているコスメ見せます」企画で4年ぶりに動画をアップしたら、使用アイテムが全然変わってないやーん！　と自分で驚きました。

メイクアップに関しては、海外のほうがファンデーションの色の展開が充実しているので、旅に出たら買うことが多いかも。マスカラは「天まで届け！ マスカラ」。通称「天マス」ですね。ドラッグストアで買ってます。

チークはM・A・CのFOOLISH MEをずっと使ってます。

眉は自眉がしっかりしているので、ほぼ何もせず。「え？」って言われるんですが、実はもう色が出なくなったアイライナーを使用しています。

メイベリンのハイパーシャープライナーRというリキッドアイライナーでササーッと描く。ウォータープルーフだから全然落ちない（笑）。

アイシャドウは韓国コスメのエチュードハウスのシングルアイシャドウ。

メイクアイテムはチークとかアイカラーって全然減らないし、アイライナーもカラッカラになっても使う（むしろそのくらいが私は描きやすい！）ので、全然お金がかからんのです。

# 71 歯と髪がきれいだったら第一印象は何とかなる

歯みがきには、DR CULAというホワイトニング用の歯みがき粉を日々使っています。海外では、歯や歯並びはものすごく重視されます。**特にアメリカではきれいな歯並びと白い歯は、美容というより健康やエチケットの範疇《はんちゅう》です。**

しかも、もし海外で虫歯が痛むなんてことがあったら、旅どころではありませんし、保険に入っていたとしても、一時立て替えでものすごい医療費を請求されることもあります。

歯が健康であることは、長生きできる条件でもあるから、おばあちゃんになっても旅を続けたい私は、オーラルケアはとても重視しています。

「髪がきれい」って言ってもらえることが多くて、「シャンプーとコンディショナーはどこのを使ってるんですか?」って質問されることもあります。旅先にシャン・コンが置いてない宿に泊まることが多いので、旅には必ず持っていきますが、実はこだわりは全くありません……。いつもドン・キホーテで大容量で1000円程度のものを買っています。

日々、髪の毛がきしんだりパサつくという悩みはありません。

# 72 おやつと添加物は避けつつバランスのよい食事を心がける

日本にいる時は、基本、３食ずっと自炊です。特に沖縄に来てから徹底している気がします。**添加物を摂りたくない**ので、自宅で食事が基本です。インスタント食品はもちろん、コンビニのお弁当やスーパーのお惣菜も滅多に食べません。

特にリョースケが海外にいて私が留守番の時には、「帰国後の希望献立表」が送られてくるんです。

１日目　朝・白米と焼鮭、そして豆腐の味噌汁、昼・シーフードパスタ、夜・タコ飯と鶏シュウマイ……というふうに、数日分送られてきます。リョースケはおいしそうに食べてくれるので、作り甲斐もあります。

サッと作れるように材料を用意しておくその時間も、私にとって幸せなひとときです。

73

# 果物は天然のビタミンとミネラルの宝庫

フォロワーさんから「好きな食べ物は何ですか?」と聞かれたら、「お肉と果物」と答えます。父の影響でホルモンが好きで、ホルモン鍋「かわむら」は最高のバイト先でした。沖縄は南国のフルーツが安く手に入るので、それがとってもうれしい! パイナップルとかマンゴーが最高です。

逆に沖縄で手に入りづらいものはその季節になると恋しくなります。桃が大好物なので、旬の時期には福島からお取り寄せ。夕食の後のフルーツタイムは至福の時間です。

**ビタミンもサプリから摂るよりも食事で摂りたいし、そのほうがミネラルも豊富でカラダにはいいと思うんです。**スナックやおせんべい、クッキーやチョコレートなど、いわゆる「お菓子」は食べないようにしています。

**家にあるとどうしても食べてしまうから、買いません。家に持ち込まないのが一番。**

市販のお菓子にも添加物はたくさん。油も酸化していますから、なるべく避けるようにしています。でも、海外にいる時は、どんなジャンクでも気にせず食べます!

# 74 走れるおばあちゃんになるための準備をする

いくつになっても国内外を飛び回って、長距離フライトで旅したい！

海外では、おじいちゃんおばあちゃんが手をつなぎながら「こんな長距離をエコノミーで乗っちゃうんや」というシーンに出くわすことも珍しくありません。しかも車椅子で来てたりして、そんなの素敵だと思いませんか？

だいたいどの飛行機を降りてもそこには車椅子がスタンバイされていて、カラダが多少不自由になっても元気に行動してるんですよね。日本も今でこそバリアフリーになって、昔より制約はなくなってきているけど、日本人は遠慮がちなところがあるから、海外のほうがよりそういう場面に遭遇します。

例えば、エジプトのピラミッドとかペルーのマチュピチュってかなり行きにくいんですよね。やっとたどり着いただろうに、周りのおばあちゃんおじいちゃんたちは全然疲れている感じがなくて、それにもびっくりだけど、高齢になっても見たい景色を共有してるのがとっても素敵で。

パパがバックパック背負って抱っこ紐で子どもを抱っこしてハイキングとか、マチュピチュでもそういうファミリーおったなあ〜と思うと、「私らもいつかそんなふうになれるとええな」って。

マチュピチュは高山病のリスクがあるのに、おじいちゃんおばあちゃん、そして子どもらもよく行けるなあと、エネルギッシュな人々やファミリーに本当に刺激を受けます。

**年齢や体力面で諦めるんじゃなくて、挑戦し続ける大人でいたい。**

だったら、今、何をすべきか。どんな準備をしたらいいか。ベタですが、**規則正しい生活、運動、食事、メンタルの保ち方が大事**だと気づいたんです。毎日の積み重ねが明日のカラダを作るってことはリョースケもよくわかってるし、将来、おじいちゃんおばあちゃんになっても世界中を駆け巡りたいという夢は同じ。

リョースケの超ストイックなカラダ作りにはついていけないけど、食事面でそれをサポートしつつ、私もしなやかなカラダに整えていきたいのです。やり続けるのは骨が折れるんですが、数十年後の自分のため、家族のためにさぼらずがんばっています。

# 75 苦手なことをやるより自分の好きなことを追求する

10代や20代の頃は、全部を手に入れようとしがちで、苦手なこともできるようにならなきゃいけないんだと思っていました。
みんなより頭ひとつ飛び抜けなくちゃ意味ないみたいな感覚があったし、周りもそういう感じでメラメラしたもんですけど、30歳を超えていろいろ諦めることでメンタルを保ちやすくなった実があります。

**30歳を超えてある日突然ふっ切れました。「できんことはせんでええ！」と。**

苦手なことをやってストレスを溜めるより、他人と違う部分をもっと磨くほうが効率いいし、メンタル的にもしんどくないから、全部を頑張らなくてもいいや、と思って。

例えば、リョースケは講演会で大勢の前で話すのが得意なんですよ。で、私はというと、完全に無理！（笑）。

リョースケは私と違って、テレビの出演とか大勢の場でしゃべるのが昔から本当にうまくて、そんなところには憧れているんです。

マイク持ってトークを回しながらドッカンドッカン場を沸かせて、すごいなあと思うんだけど、それはもう私は諦めようと思うんです。そうなれたらいいなとは思うけど、無理や。

「苦手なことを**無理してまでやらなくても、私が努力しなくても難なくこなせてしまう別の部分で頑張ればいいやん。できないことを伸ばそうと頑張ることへのストレスはいらないかな**」と思うのです。

テレビの仕事が苦手なのに、うっかり引き受けてしまって、その日まで超プレッシャーで憂鬱になるというのはどうなん？　って。できることだけ最大限頑張ればいいんです。

# 76 自分が思ってるより 他人は自分を見ていないと知る

自分の顔とか外見がコンプレックスになることがありました。

「憧れの長谷川潤ちゃんみたいな顔だったらいいのに！」とか「線が細いスラッとした感じだったらええなあ」とか、言ったらキリがないですよね。

**ちょっといびつなところもあるのが人間やんって。そうでないとみんな同じになっちゃうじゃないですか。**

太りやすくても、自分は何を摂ると太りやすいのか対策すればいいし、考え方が変わっていったんです。

**他人って、自分のことなんかいちいち見てないんですよね。**美意識が高い友達がいるんですけど、その子が美容医療の施術を受けて「顔がちょっと凹んだ。どうしよう」ってわんわん泣きながら電話してきたことがあって。大丈夫かなってすごく心配したんです。

**結論。会ってみたけど正直全くわかんなかった。**

ものすごい失敗を想像してたんですけど、なんか拍子抜けしちゃうくらいで。よく見たら、まあ、若干凹んでる気がしないでもないくらいなんだけど、本人は大騒ぎです。十分可愛い子なのに「変になった」ってめっちゃ泣くんですよ。鏡も見たくない、仕事にも行きたくないって。なんかものすごい悪循環に陥っちゃって。

人ってきれいに変わってたら気づいてほしくて、マイナスになっていたら気づいてほしくない。ちょっと髪切ったとか、若干、化粧が変わったとか、アイシャドウ変えたとか、気づかんて！　ホンマ。

自分は毎日自分を見てるし、ちょっとの変化にも敏感だけど、人はそこまで見てないですよ。単なる自己満です。

日本人は周りの目を気にしすぎ！

# 77 SNSに左右されない、心の保ち方

夫婦でこういう活動をさせてもらっていて、私はフォロワーが20万人、リョースケは43万人いて、SNSを更新するのが私たちの仕事でもあります。

この仕事をする前は、情報収集のためにいろんな人をフォローして、キラキラした投稿を見て「いいなー。素敵な生活してるな〜。うらやましいわあ」って、自分と比べてしまっていました。それでSNS疲れを起こしてしまって。

私より遅く結婚して、私より早く子どもができて……なんて報告とか、全部SNSから入ってくるんですよね。心に突き刺さる投稿もたくさんあって。

**これは今の私が必要な情報か、それ以外か。**

自分がフォロワーとなる相手は定期的に見直して、アップデートするようにしたら気が

ラクになりました。

誰がいいとか悪いとかじゃなくて、今の自分に必要かどうか。今は違うけど、近い将来、必要な情報になるかもしれないから、それもこれも、「今」を基準にするといいかもしれません。

こういう活動をしてつくづく思うのは、投稿するのはキラキラした部分で充実してる自分を創り上げているから。

その裏には地味な作業やきつい部分がそのキラキラの10倍くらいあるってこと。投稿が全てではないから、比べるのは精神衛生上、良くないと思うんです。


**だから無駄に見ないようにするとかなりラクになります。**

これが職業でもあるので一日中スマホを触る時間が多い私ですが、意識的にあんまり見過ぎないようにはしないと！　と注意しています。その時にいいなと思ったらフォローすればいいし、そうでなければ外せばいいんじゃないでしょうか。

## 78 アンチコメントは無視する

でも、よくわかります。アンチな投稿ほど見たくなるっていうのがSNSだってことも。好きでも嫌いでも、自分は「その人のことを気にしている」んでしょうね。

アンチコメントはそんなに多いほうじゃないんですけど、たまにそういうコメントばっかりする人がいます。

**「うらやましいって思われてるんやろうな」って思うようにしています。**

その1個2個があるだけでコメント欄が暗くなるのがイヤなんですよね。他のフォロワーさんたちも傷つくし。

逆にうれしいコメントは、旅系のYouTuberでいることで、お父さん・お母さん世代の方々から「できなかったことを代わりに見せてくれてありがとう」って言われること。そんなことを言われると思ってなかったので、そういう視点で見てくれる方もいるんやなぁと気づいたし、「闘病中で何もできない暮らしだけど、海外に行ってひとりでガン旅している姿を見たら元気が出た」とか、「映像を見ることで、治療頑張れました」と言ってくれる人や、直接ポップアップイベントに来て、泣きながら「ありがとう」って言ってくれたり。

**ただの自己満でやっていることが、人の役に立つことだってあるんや。**

こんなにいろんな方の気持ちに刺さっていると思うと、ずっとコツコツと続けてきて本当によかったし、やってきたことが間違いじゃなかったと実感すると同時に、改めて生きがいになりました。むしろこちらのほうが励まされることが多いんですよね。

みんな十人十色のいろんな状況で、いろんな思いで見てくれてるっていうのがSNSだし、ポップアップイベントで直接会うことの大切さを知りました。

LUXURY BAGS
DON'T BRING
TRUE HAPPINESS!!

# 第5章

# 「バケットリスト」を更新し続ける人生を歩む

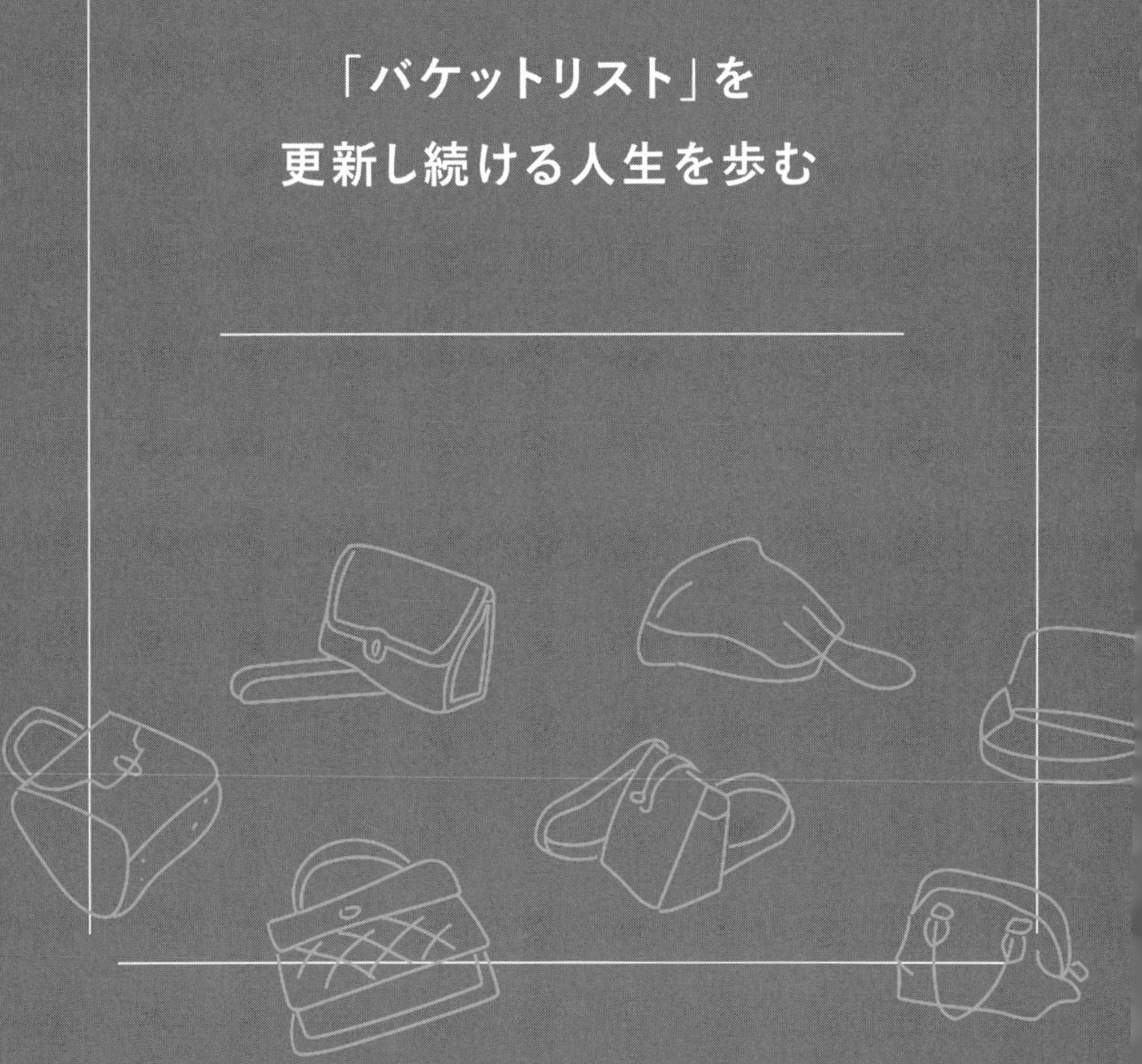

# 79

# リストは叶っても　そこで歩みを止めない

バケットリストに書いたものが実際に叶ってチェックマークがつくと、それで「任務完了！」とはならなくて、別の「やりたいこと」がまたポンッて上がってくるのです。**なんか、永遠に終わらなそう……。無形サグラダファミリアって感じ。**リストが無尽蔵っていうのも、それはそれでワクワクするものです。追いかけるものが次々出てくるのは楽しいものだし、生きがいにつながってる。

いろんな世界を見ることや、多くの体験をしたり、たくさんの人に出会ったりすればするほど、また違うやりたいことが出てくるし、日本とは違う場所にいることで、新たな違う自分が生まれそうな予感がします。またそこからやりたいことが出てきて、それを吸収して、旅ってすごく成長できるもんなんやなって考えています。

大変だけど、特にこの1年で、全ての歯車が動き始めてる感じがします。成長があるからまた高みに上っていけるし、リストは永遠に尽きそうにありません。

## 80
# 変化のタイミングは人それぞれ。だから焦らない

リョースケの夢であるツリーハウスを作ること。

「ツリーハウスよりもカフェのほうがみんなが集まって交流できるんじゃない？」ってことで、「ツリーハウスのいいところを取り入れたカフェ」に目標を変更。場所はどこにしよう、いつにしよう……あれこれ夢は尽きません。

沖縄に移住してカフェを開こうと決めてから、コツコツと準備し、２０２３年４月に大阪から軽トラ１台で完全移住しました。

移住後も、普段の暮らしを整えるのはもちろん、カフェの建設準備、海外への動画撮影旅、ポップアップイベントの準備、そして不妊治療と目まぐるしく過ぎていきました。

そして待望の妊娠！　しかも奇跡の双子ちゃん！

まるで、妊娠がうまくいくように、全てが私にとってベストな環境の沖縄に来られたこ

と。ついにカフェも今年9月にオープンできたこと。

沖縄への移住が正解かどうかなんてわからないし、そもそもカフェをオープンすることだって初めての経験で未知数だし。でも、目の前のことをコツコツまじめにやっていれば、うまく回っていくし、天も味方するような気がしています。だから、**日々の目の前のことを一生懸命やること。当たり前だけど、その「当たり前」が大事だと痛感しています。**


フォロワーさんも増えて、海外にもたくさん行って、もはや行き尽くしたんじゃないかって今、まるで双子ちゃんから「宇宙から見てたんだよ〜。今が行っていいタイミングじゃないかって思ったから」って言われているような気も。

「スピリチュアルなことは全くわからへんけど、ふたりが私とリョーズケとのタイミングを選んで来てくれたんちゃうかな？」って思えるほど、なんだか不思議なんです。

赤ちゃんは親を選んで降りてくるって話、ちょっと信じたくなりました。

どうか無事に育ってくれますように。

# 81 誰かのためになることをする

リョースケのバケットリストは「気球で世界一周」「エベレスト登頂」「宇宙へ行く」など、ぶっとんだ願望がたくさん。叶って消すペースより、「あれもこれもしたい」と増えていくペースのほうが速く、今や４００個以上もあるんです。聞けば高校の時からバケットリストを作っていたんですって。

そのリョースケのバケットリストに「ツリーハウスを建てる」っていうのがあって、作るなら今、とばかりに沖縄に移住したんです。

最初は本当に木の上にポンッて乗っかってるホテルを建てようとしてたんだけど、それがベストかって考えると「カフェのほうがみんなが集まれていいんちゃう？」って。フィリピンのエルニドっていうところにあるツリーハウスがすごく素敵で、それを日本で実現したいねって言ってたんです。

## 日本全国、世界中から集まれる場所っていいなと。

日本の一大観光リゾート地・沖縄に、みんなが集まれる場所が作れたらいいなと、最初は大阪と沖縄を行き来しながらホテル暮らしなり、キャンピングカー暮らしなりをしながら進めてたんですけど、やっぱり付きっ切りで張りついていないとなかなかうまくいかない工事がたくさんあったりして。

移住2～3か月前のこと。ある日突然、リョースケとミスタードーナツでお茶してたら、「沖縄に移住しようと思うんやけど、どう思う?」って聞かれたんです。「イヤならイヤでいいし、Ｋｅｉちゃんに合わせるよ」って。私は「ん～別にいいよ」って答えました。

海外に移住するわけじゃないし、でも私たちの目標でもある海外移住するならその前に自走させられるカフェも完成させておきたいし。

沖縄っていう南国の地に住むことの難しさとか新しい発見とかもたくさん見えてきたんで、いろんなリアルを動画に上げたら結構好評でした。

みんなが集まれる、みんなのためのカフェを作るって有意義だし楽しい!

# 82
# 失敗を人のせいにしない

観光客目線と移住じゃ全然違うし、カルチャーショックもたくさんありました。今では笑い話だけど……みたいなことがありすぎて、ありすぎて。

そもそも沖縄北部は圧倒的に建築関係の業者さんが足りないのですが、近くで「ジャングリア」という新しいテーマパークも大開発進行中だったんです。その影響もあってか、次の工程が押して、その次が延期されてってなっていくので「全然進まんやーん！」という事態に……。

職人さんに頼んだものの、途中から連絡がつかなくなったり、「できる」と言われたことが最終的に「やっぱりできません」だったり。そういうことは沖縄だけじゃないかもしれないけど、紆余曲折ありました。この建て方でＯＫと言われてたのに、違法建築になってしまうからと、一からやり直して１年延期とか、あげればキリがないです。

**完成間近になって大きい台風が来たこともありました。**沖縄の人も驚く程の勢力で、沖縄付近を1週間くらい停滞して、あれもホンマ困りました。

台風が1回通り過ぎたものの、なぜかまた戻ってきて……沖縄本島にも、ものすごい被害が出て、ウチもすごい土砂崩れが起きて、現場が壊れたり。

でも、誰ひとりとして怪我せずに済んで、それはありがたいと思わんと。むしろ全部壊れたから、今後これ以上の台風が来ても何とかなるようにしっかり作り直そうと、考え方を切り替えました。むしろ壊してくれたことで、ここからもう一回、ゼロベースでリスタートしようと、去年から1年間かけてしっかり予算と業者さんを選定して仕切り直しました。そして、ようやく9月にオープンできました！

職人には逃げられ、台風でリセットされ。一歩進んで二歩下がるような日々でしたが、リョースケは弱音を吐かず「全部いい経験」といたって前向きでした。

予算が想定の倍以上かかっているようだけど（笑）、それらも含めて、「いい経験」と割り切るリョースケってすごいなって改めて尊敬しています。

沖縄のカフェ「CASA SOL」にて。

## 83

# ベストシーズンに世界各国で暮らす夢を追い続ける

私とリョースケには、世界各国にベースを持ち、ベストシーズンごとに移動しながら暮らしたいという願望があります。

ふたりとも、同じ場所でずっと同じことをするっていうのが、肌に合ってなくて。せっかくこうやっていろんな旅をして、日本人とは違う感覚をたくさん吸収してきたので、死ぬまで世界中を渡り歩きたいという結論になったんです。

生まれ育った日本は大好きで、全てのクオリティが高いのが日本。日本を絶対的拠点として置いときながら、オーストラリアとかスペインとか大好きなアメリカとかに家を持ちたいんです。

贅沢な目標だけど、そのために沖縄での事業を頑張って、3~4年後にはそうなっていたいんです。常に海外と触れ合っていたい!

日本にいると開放的になれないのは自分でも感じていて、定期的に海外に行くことで自分らしさを保てる気がするんです。全世界のいいとこどりをするからこそ、日本のありがたさも今以上にわかる気がするんです。

日本を離れるといろんな常識が全然違いますもんね。考え方も生き方もそう。いろんな文化を取り入れて外国へ行くと、日本に戻ってきてもしばらくはフランクな自分でいられる。でも、３日間くらいで切れる。

もしかしたら、それは今とは違う自分になりたいと常に思っているっていう強烈な願望の裏返しかもしれません。そうだとしたら、その欲望に忠実になりたい。

**それは、今の生活を頑張るモチベーションになるんやと思うからです。**

子どもたちには、小さい頃から広い世界を見てほしい。私が日本の小さな田舎町で育ったからこそ、そう思うんです。勉強だけじゃなく、体験を通じて自分自身をよく理解していってほしいんです。

84

# 降ってきたチャンスは自分へのごほうびだから飛びついて

この本のお話をいただいた時、実はとても迷いました。だって、有名人じゃないから売れるわけないし、私なんかがこんなお話を引き受けていいのかって。

大した人生送ってもいないし。でも、**やってみたら案ずるより産むが易し**でした。人生そんなことがいっぱい。やりたいけど無理かもって思いつつも、**やっぱりやってみたら、こんな心配いらんかったよなっていうことばかり**です。

リョースケに相談したら、「誰もがリーチできるインターネットからの発信もいいけど、紙の本を出すことはひとつの信用だったりするから、いいチャンスなんじゃないの？」って後押ししてくれて、そのアドバイスも一歩を踏み出すきっかけになりました。本を出すことがひとつの夢だったし、タイミング的にも一番いい時期にいい形で本にできてるんじゃないかって思いました。電気と電波がない未開の地でも、本ならすぐに見せられるし。「私、こういう者です」っていう自己紹介のカンバセーションツールになりそう。これも頑張ってきたごほうびだと思うことにします。

# 85

# 日本じゃ体験できないことにチャレンジする

夫婦でアメリカ横断を2回したことがあります。プリウスのような普通のクルマを運転した時もあるし、偶然とラッキーが重なって、車体が10メートルもあるバス型の大型キャンピングカーだったことも。トランスフォームするように広がるキャンピングカーなんです。

元々めちゃくちゃ広いんですけど、ベッドルームとリビングが横に1メートルくらい広がるんです。中は高級ホテルみたいでしたよ。とっても快適で、そのスケールがいかにもアメリカ！

アメリカは土地が広大じゃないですか。日本では絶対自宅の車庫に置けないような巨大なキャンピングカーをみんな普通に乗ってるんですよね。

家族が増えたら、大きなキャンピングカーで旅したい。将来の夢がまたひとつリストに加わりました。

# 86 「いつかやりたい」ことと「コスパ」を両立させる

アメリカで巨大キャンピングカーでの旅を経験した時、いくらで借りたと思います？

**なんと1日約100円！**

レンタカーの中でもリロケーションっていうシステムで、アメリカ、カナダ、オーストラリア、ニュージーランドではおなじみの方式。

簡単に言うと、例えば誰かがLAからNYにレンタカーして乗り捨てたクルマをNYからLAまで運転して持ってきてあげる代わりに利用料はないも同然って感じですね。

ただし、そんな都合のいいものが常にあるわけではなく、突然のタイミングで出てくるものなので、あればラッキーくらい。

**つまり、私たちはかなりラッキーだったんです。**

私たちは時期や時間に縛られているわけではないので、こういうサービスに合わせて利用できるんですよね。何回も借りてるんですけど、すごいお得ですよ。ガソリン代も込みの状態で利用できることも！

新車のキャンピングカー！　これが1日100円なんて信じられる？

アメリカでキャンピングカーを借りるのが3回目くらいの時、ちょうど同じタイプのポスターを見て、「いつかこういうの借りたいよね」って話してたら、これだったたんですよ。しかも新車だった上、なぜか普通免許で乗れるっていうウソみたいなホントの話で。

運転席はコックピットみたいやし、天井もすごく高さがあって、もういろんな意味でのスケールの大きさに驚きました。

これからもキャンピングカーはどんどん進化するだろうし、あと数年したら、もっとすごいことを子どもたちと一緒に経験できそうで、今から楽しみです。

## 87

# パートナーの夢を応援する

気球で世界一周。スカイダイビングAライセンス取得。フルマラソン・サブ4達成。ビジネスで世界進出。40歳までに宇宙へ行く。

高校生の頃から書き溜めているリョースケのリストは数百個はあって年々減っていくはずなのに、その分新たなリストが加わり、結局全然減らないんです。「スペインのトマト祭りに参加」「キューバで葉巻を吸う」とかは、比較的叶いそうなものですが、ものによってはとてつもなく時間がかかるものもあります。普通、20個言うのも結構大変なのに。

夢を叶えるためには、自分の生活スタイルや条件や状況が揃わないとできないですよね。例えば経済的・時間的な余裕とか時期的なタイミングだったり、叶えるためには私たちの働き方を変えようと思ったんです。

バケットリストっていう、わかりやすい夢があるからこそ、家族みんなが元気でいたいんです。ただただ元気に生きていたいんじゃなくて、アクティブに動けるように。

## 88 いつまでも健康でフットワーク軽く

リョースケはサハラ砂漠の250キロマラソンも完走したんですけど、その時の最高齢の方が86歳だったんですって。女性でリョースケより速かった人もいたんです。すごいと思いませんか？

その姿を見た時に、「いつまでも元気でいるぞ〜」と漠然と思っていたのが、「この人みたいになりたい。孫と走りたい！」って思ったって私に言うんです。

みんな同じ条件で、寝袋やら食料やら約12キロの荷物を背負い、1日50キロくらい砂漠を走るんです。それを1週間で250キロ走り切るハンパない超人レース。

しかも、走り切ってお金がもらえるならともかく、参加料を払うんです。トータルで**ひとり150万円くらいかかります。みんな超人というより変人ですよね。だからみんな参加してるだけで、共鳴し合い、そこに来ているだけでリスペクト。**

その日程だけじゃなくて、それまでの何年間もトレーニングに費やしてとか、費用を貯めてとか、そこにたどり着くまでの大変さに共感できるんです。

86歳の最高齢の参加者は、上半身裸で走っていてムキムキだし、みんなが彼に握手を求めていたんですね。

「超かっこよかった。オレも最高齢になった頃、90歳くらいでまた出場したい。みんなが握手を求められたあの人みたいになりたい」って。それでまたリストが増えてしまうんです。

体が元気であれば、30歳でできなかったことが、70歳でできる可能性もあるから、いつでも挑戦できるようにカラダを鍛え続け、夢を実現できる健康状態でいたいって言うんです。私はそれを子どもたちと応援します。

いや、あと十数年経ったら、子どもたちも一緒に挑戦している可能性もあります。もしかしたら、本当に90歳で子どもたちと孫と3代で挑戦していることだってありそうです。

リョースケの夢が増えれば増えるほど、私の夢も増えていくのです。

上：1週間で250km!!　過酷なサハラ砂漠マラソンをリョースケは日本人男性1位で見事に完走！
下：マラソン中、私はひとり旅へ。果てしなく続く砂漠と熱さは今でも脳裏に焼きついてる。

# おわりに

今回この本を出版するお話をいただき、まさかこの自分が本を出すなんて……。
私の人生そんな大層なこととしてきてないし（笑）、正直お断りするつもりでいました。

冒頭でも書きましたが、天国の弟に教わった、人生で一番大切なこと、今日を生きたかった人がいること。
生きてると幸せなことばかりじゃなく、苦しいこと、面倒臭いこと、辛いこと、永遠に降りかかってきます。もちろん悩みや不安なんて一生尽きません。

でもそれは「生きてる」からこそ感じられる感情だと弟から学びました。
〝迷うならやってみる〟。この精神で、いろんな挑戦を何歳になっても続けていきます。

弟が亡くなったあの日から自分のカラダの一部がどこか足りない……そんな感覚です。

いつか天国でまた会えた時に、今まで経験したぶっとんだおもしろ話を弟に教えたい。いつもそう思っています。

今は沖縄のカフェ「CASA SOL」が9月にオープンし、毎日休みなく、てんやわんやな日々を送ってますが、私たちを選んでくれて、今、このおなかの中で生きてる双子たち、そしてリョースケと、周りにいてくれる人たちに感謝して。

精一杯、1日1日を生き抜いていこうと強く思うし、近い将来、夫婦のバケットリスト「キャンピングカーで家族でアメリカ横断」「世界に拠点を作る」を必ず叶えていきます！

ここまで読んでくれて、本当にありがとうございました。

2024年12月2日 弟の命日にて

Kei

装丁
西垂水 敦+内田裕乃(krran)

本文デザイン
金井久幸

カバー写真
UNE

プロップ
二本柳志津香

編集協力
(株)三井組

DTP
アイ・ハブ

校正
(株)ぷれす

## Kei

1988年、三重県志摩市生まれ。関西外国語大学卒。小中学校は船で通学するような小さな漁師町で育つ。2019年、YouTubeを始める。アメリカ・ロードトリップひとり旅、日本一周軽バンひとり旅、不妊治療などバケットリストの挑戦動画が人気を博す。2021年、メキシコ・カンクンでプロポーズされ10月に結婚。2023年、大阪から沖縄に移住。2024年9月、沖縄北部にカフェ「CASA SOL」をオープン。夫はYouTuberのリョースケ。

# ブランドバッグは私《わたし》を「幸《しあわ》せ」にしてくれない！

## 無限《むげん》に湧《わ》く女《おんな》の悩《なや》み88個《こ》を探求《たんきゅう》してみた

2024年12月2日　初版発行

著者　Kei《けい》
発行者　山下直久
発行　株式会社KADOKAWA
〒102-8177　東京都千代田区富士見2-13-3
電話0570-002-301（ナビダイヤル）

印刷所　TOPPANクロレ株式会社
製本所　TOPPANクロレ株式会社


ISBN 978-4-04-607259-7　C0095